INTERDISCIPLINARIDADE E INTERSETORIALIDADE
ARTICULAÇÃO DE DIREITOS SOCIAIS NO SISTEMA NACIONAL DE ATENDIMENTO SOCIOEDUCATIVO (SINASE)

Editora Appris Ltda.
1.ª Edição - Copyright© 2024 da autora
Direitos de Edição Reservados à Editora Appris Ltda.

Nenhuma parte desta obra poderá ser utilizada indevidamente, sem estar de acordo com a Lei nº 9.610/98. Se incorreções forem encontradas, serão de exclusiva responsabilidade de seus organizadores. Foi realizado o Depósito Legal na Fundação Biblioteca Nacional, de acordo com as Leis nos 10.994, de 14/12/2004, e 12.192, de 14/01/2010.

Catalogação na Fonte
Elaborado por: Dayanne Leal Souza
Bibliotecária CRB 9/2162

S729i
2024

Souza, Taiara Sales Moreira de
    Interdisciplinaridade e intersetorialidade: articulação de direitos sociais no sistema nacional de atendimento socioeducativo (SINASE) / Taiara Sales Moreira de Souza. – 1. ed. – Curitiba: Appris, 2024.

    114 p. ; 21 cm. (Coleção Ciências Sociais – Seção Serviço Social).

    Inclui referências.
    ISBN 978-65-250-6160-3

    1. Interdisciplinaridade. 2. Intersetorialidade. 3. Direitos Sociais. I. Souza, Taiara Sales Moreira de. II. Título. III. Série.

CDD – 341.481

Livro de acordo com a normalização técnica da ABNT

Editora e Livraria Appris Ltda.
Av. Manoel Ribas, 2265 – Mercês
Curitiba/PR – CEP: 80810-002
Tel. (41) 3156 - 4731
www.editoraappris.com.br

Printed in Brazil
Impresso no Brasil

Taiara Sales Moreira de Souza

INTERDISCIPLINARIDADE E INTERSETORIALIDADE
ARTICULAÇÃO DE DIREITOS SOCIAIS NO SISTEMA NACIONAL DE ATENDIMENTO SOCIOEDUCATIVO (SINASE)

Appris editora

Curitiba, PR
2024

FICHA TÉCNICA

EDITORIAL Augusto Coelho
Sara C. de Andrade Coelho

COMITÊ EDITORIAL Ana El Achkar (UNIVERSO/RJ)
Andréa Barbosa Gouveia (UFPR)
Conrado Moreira Mendes (PUC-MG)
Eliete Correia dos Santos (UEPB)
Fabiano Santos (UERJ/IESP)
Francinete Fernandes de Sousa (UEPB)
Francisco Carlos Duarte (PUCPR)
Francisco de Assis (Fiam-Faam, SP, Brasil)
Jacques de Lima Ferreira (UP)
Juliana Reichert Assunção Tonelli (UEL)
Maria Aparecida Barbosa (USP)
Maria Helena Zamora (PUC-Rio)
Maria Margarida de Andrade (Umack)
Marilda Aparecida Behrens (PUCPR)
Marli Caetano
Roque Ismael da Costa Güllich (UFFS)
Toni Reis (UFPR)
Valdomiro de Oliveira (UFPR)
Valério Brusamolin (IFPR)

SUPERVISOR DA PRODUÇÃO Renata Cristina Lopes Miccelli
PRODUÇÃO EDITORIAL Adrielli de Almeida
REVISÃO Bruna Fernanda Martins
DIAGRAMAÇÃO Amélia Lopes
CAPA Lívia Weyl
REVISÃO DE PROVA Sabrina Costa

COMITÊ CIENTÍFICO DA COLEÇÃO CIÊNCIAS SOCIAIS

DIREÇÃO CIENTÍFICA Fabiano Santos (UERJ-IESP)

CONSULTORES
Alícia Ferreira Gonçalves (UFPB)
Artur Perrusi (UFPB)
Carlos Xavier de Azevedo Netto (UFPB)
Charles Pessanha (UFRJ)
Flávio Munhoz Sofiati (UFG)
Elisandro Pires Frigo (UFPR-Palotina)
Gabriel Augusto Miranda Setti (UnB)
Helcimara de Souza Telles (UFMG)
Iraneide Soares da Silva (UFC-UFPI)
João Feres Junior (Uerj)

Jordão Horta Nunes (UFG)
José Henrique Artigas de Godoy (UFPB)
Josilene Pinheiro Mariz (UFCG)
Leticia Andrade (UEMS)
Luiz Gonzaga Teixeira (USP)
Marcelo Almeida Peloggio (UFC)
Maurício Novaes Souza (IF Sudeste-MG)
Michelle Sato Frigo (UFPR-Palotina)
Revalino Freitas (UFG)
Simone Wolff (UEL)

Dedico este livro aos meus pais, Édina Sales Moreira e Carlos Moreira, por todo amor e apoio dispensados em toda a minha trajetória de vida e na concretização deste valioso projeto.

Ao meu querido esposo, Jailson Brito, pela cumplicidade, pelos afetos e presença solidária.

À minha pequenina e radiante filha, Anna Júlia Sales, que me permite vivenciar os melhores sentimentos, doçuras e travessuras do mundo lúdico da infância.

Ao meu querido irmão, Márcio Rodrigo Sales Moreira, e à irmã, Taiane Sales Moreira Montalvão, por me alegrarem e partilharem das minhas conquistas.

À minha admirável orientadora, Prof.ª Sandra de Faria, pelo compromisso ético e teórico, aprendizado, presença, apoio constante e incentivo para levar esta publicação adiante.

Aos adolescentes do SINASE, por revelarem a realidade de uma sociedade tão desigual e que banaliza a infância e a adolescência em contextos de pobreza.

AGRADECIMENTOS

Este livro é uma possibilidade ímpar de socializar uma reflexão científica sobre uma "práxis" vivida no trabalho profissional como assistente social.

Nas "passagens e travessias" dessa experiência, muitas pessoas significativas cruzaram meu caminho e a caminhada. Elas compartilharam, apoiaram, incentivaram, vivenciaram e contribuíram com esse percurso. Não caberia citá-las nestas páginas... familiares, sobrinhos(as), afilhados(as), amigos(as), meus professores desde o maternal até a graduação e mestrado em Serviço Social da PUC Goiás, que sempre me ensinaram com muito zelo e compromisso. Colegas do Serviço Social, trabalhadores(as) do Sistema de Garantia de Direito da Criança e do Adolescente de Goiás, do Sistema Socioeducativo de Goiás e da Secretaria de Estado da Saúde de Goiás, chefias imediatas, defensores do Sistema de Garantia de Direitos da Criança e do Adolescente, e todos(as) aqueles(as) que acreditam e lutam pelas causas da infância e adolescência, especialmente no enfrentamento à violência. E buscam também no conhecimento e na ciência a construção crítica e política de um "novo" projeto societário.

No entanto, não poderia de deixar de fazer alguns agradecimentos especiais. Agradeço aos meus pais, Carlos e Édina, que sempre apoiaram os meus planos com muita constância; ao meu querido companheiro, Jailson, pela presença cuidadosa; à minha filha, Anna Júlia, pelo seu aconchego. Agradeço à Emiliana Naves, que me levou a perceber e revisitar esse meu lado "adormecido" de estudiosa e de escritora, e às amigas Cristiane Vieira Rosa e Kênia Cristina.

Registro os meus agradecimentos às assistentes sociais e autoras doutora Francisca Bezerra de Souza (Mato Grosso do Sul) e professora doutora Janaína Lopes do Nascimento Duarte (Departamento de Serviço Social e Programa de Pós-Graduação em Política Social – UNB – Brasília/DF), por contribuírem comigo na troca de experiências sobre os processos de publicação. Agradeço à colega Marilene

Gonçalves Silveira por prontamente aceitar o convite para escrever a sinopse. Sua participação neste trabalho reforça nosso engajamento, sintonia e problematização nas discussões sobre o tema já há algum tempo.

Os meus reconhecimentos e agradecimentos para as professoras doutoras Maísa Miralva da Silva e Anita Cristina Azevedo Rezende, pelas rigorosas e sábias contribuições, durante a qualificação e defesa da dissertação, com recomendação para publicação.

Agradeço também à professora doutora Marta Rovery de Souza – Departamento de Saúde Coletiva no Instituto de Patologia Tropical e Saúde Pública (IPTSP) da universidade Federal de Goiás (UFG) –, que me ensina a olhar o "mundo" por outra lente.

Por fim, sinto-me presenteada, honrada e com uma convivência ímpar de ter a professora doutora Sandra de Faria como minha orientadora, apoiadora incondicional e interlocutora nessa trajetória: muito obrigada por tudo!

Gratidão a todos(as) vocês!

Todo começo é difícil em qualquer ciência.

(Karl Marx)

PREFÁCIO

Gostaria de iniciar agradecendo à Taiara Sales Moreira de Souza pelo convite para prefaciar seu livro *Interdisciplinaridade e intersetorialidade: articulação de Direitos Sociais no Sistema Nacional de Atendimento Socioeducativo (SINASE)*, publicação resultante de sua trajetória e experiência profissional, pesquisa científica sobre o tema da dissertação que acompanhei como orientadora no mestrado em Serviço Social da PUC Goiás.

Desde a graduação e sobretudo durante o mestrado, conheci uma estudante muito disciplinada e, logo depois, uma jovem profissional comprometida com a profissão, a formação acadêmica e intelectual e a qualificação dos espaços sócio-ocupacionais do Serviço Social.

A jovem assistente social Taiara Sales tem um perfil profissional com experiência significativa em diferentes políticas sociais, nomeadamente, nas áreas de assistência social, saúde, habitação, infância-adolescência, juventude e Direitos Humanos. Trabalhou como assistente social na Secretaria Estadual do Desenvolvimento Social de Goiás, no Sistema Socioeducativo SINASE, de 2012 até 2019.

No momento que escrevemos este prefácio, nossa autora trabalha como assistente social na Secretaria de Saúde do Estado de Goiás, na Gerência de Atenção às Populações Específicas da Superintendência de Política e Atenção Integral à Saúde, com a exigente e necessária demanda de elaboração e aprovação de uma política de atenção à saúde da população migrante internacional, refugiados e apátridas, para o estado de Goiás.

Existe um forte vínculo de amizade e respeito entre nós, o que me torna uma leitora privilegiada do livro. Assim, gostaria de contribuir com o leitor a partir de breves observações sobre esta publicação, reiterando o convite para a sua leitura.

Começo observando que, na perspectiva da autora, não é possível prescindir dos fundamentos das Ciências Humanas, Sociais e Aplicadas e da Filosofia para indagar sobre a interdisciplinaridade como necessidade e um problema na pesquisa e produção de conhecimento, como nos ensina Frigotto (2008). Na perspectiva particular do autor, é no caráter dialético da realidade social, una e diversa, e na natureza intersubjetiva de sua apreensão que se impõe a necessidade da interdisciplinaridade.

É consequência no trabalho e produção do conhecimento interdisciplinar a investigação e análise crítica do pensamento positivista conservador/instrumental e das concepções gerenciais, reguladoras e fragmentárias das relações societárias capitalistas, do papel do Estado e das expressões da questão social.

Taiara Sales supera esse desafio teórico-metodológico em sua investigação e com base na categoria da totalidade, como categoria ontológica e reflexiva da dialética marxiana, as abordagens conceituais de interdisciplinaridade, intersetorialidade e política social são desenvolvidas ao longo dos dois primeiros capítulos. No terceiro capítulo, as análises centram-se no objeto de estudo, ou seja, o SINASE como estratégia de articulação interdisciplinar e intersetorial de direitos sociais.

Na análise do SINASE, a autora apresenta a realidade de incompletude, fragmentação das políticas sociais e dos saberes profissionais para o atendimento ao adolescente em conflito com a lei. Bem como a reprodução sistémica de padrões conservadores, relações antagônicas entre o cotidiano e o aparato jurídico-legal, negação histórica dos direitos dos adolescentes em conflito com a lei, discriminação, moralização da violência e medo da própria sociedade.

Seus estudos demonstram que a operacionalização interdisciplinar e intersetorial do SINASE, no estado de Goiás, esbarra diariamente na precarização do acesso de qualidade do adolescente às políticas sociais. Ela observa que a política de saúde é que trava um maior debate para a organização e a consolidação dos serviços, mesmo não tendo no processo uma obrigação direta. A assistência social, a área de maior responsabilidade pela organização desses serviços na proteção da alta complexidade, por seu lado, continua intervindo minimamente e residualmente, disponibilizando apenas uma estrutura física precária, reduzindo números de profissionais e de programas.

Nesses termos, demonstra em suas conclusões que a realidade do estado de Goiás não difere do contexto brasileiro, tendo em vista as dificuldades de consolidação do SINASE e das medidas socioeducativas para o adolescente em conflito com a lei, de caráter público. E, para que ocorra a sua consolidação, é necessário demarcar em seus objetivos, princípios e diretrizes a importância estratégica da articulação intersetorial e interdisciplinar dos sistemas públicos de direitos, entre eles o de saúde (SUS), a assistência social (SUAS) e o Sistema de Garantia de Direitos da Criança e do Adolescente (SGDCA/ECA) para o enfrentamento das situações de violência envolvendo adolescentes privados de liberdade e suas especificidades.

Por fim, ressalto que é motivo de orgulho e imensa esperança poder prefaciar o livro de uma assistente social com o perfil profissional de compromisso e engajamento de Taiara Sales, e, aqui, autora de análises posicionadas na defesa intransigente dos direitos da criança e do adolescente e do Estatuto da Criança e do Adolescente como política de proteção social.

Goiânia, março de 2023.

Sandra de Faria

Prof.ª de Serviço Social – PUC Goiás

APRESENTAÇÃO

O livro que apresento a vocês é resultado de uma pesquisa acadêmico-científica centrada no estudo da articulação de direitos sociais e política social no Sistema Nacional de Atendimento Socioeducativo (SINASE) e na relação com as dimensões da interdisciplinaridade e intersetorialidade. A pesquisa desenvolvida fez parte da dissertação defendida no Programa de Pós-Graduação *Strictu Sensu* Mestrado em Serviço Social da Pontifícia Universidade Católica de Goiás, vinculada à linha de pesquisa Teoria Social e Serviço Social.

No livro, privilegio o exame do SINASE, tendo como referência as implicações e contribuições da intersetorialidade e da interdisciplinaridade, no processo de intervenção em situações de violência que envolve o segmento infantojuvenil em meio à privação de liberdade, com foco sobre as políticas sociais de Assistência Social e Saúde. De acordo com o que preconiza o Estatuto da Criança e do Adolescente (ECA) e a instituição do SINASE e do SGDCA, só se torna possível apreender as políticas sociais e a doutrina da proteção integral por meio do trânsito nesses conceitos.

Nos capítulos que compõem o livro, também chamo atenção para as análises e reflexões sobre os elementos teóricos, legais e objetivos que determinam a necessidade de uma perspectiva interdisciplinar e intersetorial no âmbito do atendimento socioeducativo com adolescentes privados de liberdade e as particularidades e especificidades no SINASE/ECA/SGDCA.

Nesse sentido, o leitor tem em mãos um livro que contempla evidências, sínteses e contradições relacionadas ao SINASE, que pode se consolidar como o *"locus"* de concentração e articulação de políticas sociais e saberes profissionais que, por sua vez, não deixam de implicar, estrategicamente, em exigências de interdisciplinaridade e intersetorialidade.

O debate teórico-conceitual de interdisciplinaridade e intersetorialidade é fundamentado nas abordagens das ciências sociais e humanas e no enfoque sobre a política social, considerando a possibilidade de superação de uma prática operacional e de um saber científico e profissional fracionado. Por meio dos conceitos de interdisciplinaridade e intersetorialidade na política e nas ciências sociais foi possível apreender que, historicamente, ambos expõem o processo de desenvolvimento, produção e reprodução do capitalismo, que acentuou a divisão social e técnica do trabalho assim como a dicotomia entre os que pensam e os que fazem.

O estudo desenvolvido e sua publicação em livro pressupõem que interdisciplinaridade e intersetorialidade sejam conceitos utilizados como similares, como possibilidade de superação da fragmentação do real acentuada pela corrente positivista e pelo pensamento filosófico burguês da decadência, que tende a abandonar as categorias da razão dialética da totalidade e da historicidade, limitada à razão instrumental.

Ao investigar o SINASE como uma estratégia particular de articulação intersetorial e interdisciplinar dos serviços do SUS e SUAS para o atendimento dos adolescentes privados de liberdade, aprendeu-se que, contraditoriamente, tal estratégia intensifica a fragmentação e a mistificação do real em suas determinações oriundas da economia política do capital e das desigualdades sociais.

Nesse sentido, os sistemas de saúde e de assistência social (SUAS e SUS) e a articulação pelo SINASE com base na interdisciplinaridade e intersetorialidade apontam o modo como esses conceitos são concebidos perante as atribuições desenvolvidas pelo Estado. O pensamento social que apreende a realidade em partes, que não se sintetiza, influencia não só a construção do conhecimento como também a organização, em setores, do Estado e das políticas sociais. Sabe-se que esse processo foi intensificado com a programática do neoliberalismo, que reforçou a perspectiva focalista e setorial como estratégia.

Diante da problematização, a hipótese diretriz do presente estudo é de que, no âmbito da política social, a interdisciplinaridade e a intersetorialidade contribuem para a superação de situações de violência infantojuvenil e constituem um "novo" paradigma de gestão estatal para assegurar direitos sociais. Porém, no contexto da dominação hegemônica do Estado burguês, a reprodução da "questão social" e suas manifestações institucionalizam a violência dentro do próprio sistema socioeducativo, favorecendo a negação e flexibilização dos direitos de cidadania, o que obstaculizara a articulação das estratégias previstas pelos sistemas para o atendimento infantojuvenil.

Por essas razões pode-se afirmar que a interdisciplinaridade pode ser concebida como uma maior aproximação da razão dialética, na apreensão da realidade, mas cabe frisar que não é análoga a uma perspectiva de totalidade. As referências de Marx (1991) e Netto (2009b) explicitam que a materialidade dos fatos está no real como unidade e síntese de múltiplas determinações e, para apreender em essência essas determinações, é necessário capturar na totalidade as mais diversas mediações do real. Ou seja, Marx expõe o método histórico-dialético para a compreensão da realidade, indicando a perspectiva da totalidade, da relação de reciprocidade e de antagonismo (MARX, 1991; NETTO, 2009b).

Na relação dialética não é aceitável a existência de saberes desligados do movimento do conjunto que os condiciona, bem como é inconcebível a existência de um conjunto universal que não esteja vinculado intrinsecamente ao particular. Desse modo, o particular e/ou o específico só têm validade quando se vinculam ao universal. Nessa perspectiva crítica, torna-se essencial apreender em que medida a interdisciplinaridade e a intersetorialidade referem-se aos nexos, a mediações e contradições, numa aproximação à perspectiva de totalidades e historicidades de processos societários.

Assim, o leitor tem em mãos a publicação de uma pesquisa acadêmica teórica, analítica, que se destina à socialização do conhecimento comprometido com a defesa dos direitos de crianças e adolescentes no estado de Goiás.

Boa leitura!

A autora

LISTA DE SIGLAS

SINASE - Sistema Nacional de Atendimento Socioeducativo
ECA - Estatuto da Criança e do Adolescente
CAPES - Coordenação de Aperfeiçoamento do Pessoal do Ensino Superior
FUNABEM - Fundação de Amparo ao Menor
SAM - Serviço de Atendimento ao Menor
SUS - Sistema Único de Saúde
SUAS - Sistema Único de Assistência Social
SGDCA - Sistema de Garantia de Direitos da Criança e do Adolescente
CONANDA - Conselho Nacional de Direito da Criança e do Adolescente
CIA - Centro de Internação de Adolescentes
CASE - Centro de Atendimento Socioeducativo
CIP - Centro de Internação Provisório
MDS - Ministério do Desenvolvimento Social e Combate à Fome
NOB/SUAS - Norma Operacional Básica / Sistema Único de Assistência Social
PINASARI - Política Nacional de Atenção Integral à Saúde de Adolescentes em Conflito com a Lei em Regime de Internação e Internação Provisória

SUMÁRIO

1
ABORDAGENS CONCEITUAIS DE INTERDISCIPLINARIDADE E INTERSETORIALIDADE EM POLÍTICAS SOCIAIS E CIÊNCIAS SOCIAIS 23

1.1 Da concepção fragmentária à concepção unitária na abordagem da interdisciplinaridade e da intersetorialidade 30

1.2 O conhecimento na perspectiva da totalidade e apreensão da realidade social 40

2
POLÍTICA SOCIAL, INTERDISCIPLINARIDADE E INTERSETORIALIDADE 45

2.1 A perspectiva de rompimento e a fragmentação da Política Social 45

2.2 Política Social de Saúde e Assistência Social na relação com o Sistema Nacional de Atendimento Socioeducativo 56

2.3 Contradições e concepções da Política da criança e do adolescente no Brasil: a articulação com o ECA, o SGDCA e o SINASE 72

3
O SINASE COMO ESTRATÉGIA DE ARTICULAÇÃO INTERDISCIPLINAR E INTERSETORIAL DE DIREITOS SOCIAIS 83

3.1 A particularidade do SINASE para o enfrentamento dos contextos de violência infantojuvenil 85

CONSIDERAÇÕES FINAIS 99

REFERÊNCIAS 107

1

ABORDAGENS CONCEITUAIS DE INTERDISCIPLINARIDADE E INTERSETORIALIDADE EM POLÍTICAS SOCIAIS E CIÊNCIAS SOCIAIS

No presente estudo, os elementos teórico-conceituais, do ponto de vista da política social e das ciências sociais, evidenciam a contradição e a reciprocidade contidas entre a relação teórica desses conceitos e a materialidade do real posta pelo movimento do objeto estudado.

As aproximações conceituais de Pereira (2014) mostram o prefixo *inter* como um elemento comum de aproximação entre os dois conceitos. Assim, determina-os numa relação dialética. Para a estudiosa, a intersetorialidade das políticas sociais na perspectiva dialética vem estimulando expansivamente os interesses intelectuais e políticos, particularmente o interesse da discussão no campo das políticas sociais públicas. A defesa que a autora faz do estudo da intersetorialidade passa pelo reconhecimento da relação ajustada entre "setores", implicando em mudanças essenciais na gestão das políticas e seus impactos assim como na ampliação da democracia e dos direitos sociais. Em suas análises, Pereira compreende que a intersetorialidade é um termo dotado de vários significados e possibilidades de aplicação.

> Além de princípio ou paradigma norteador, a intersetorialidade tem sido considerada como: uma nova lógica de gestão que transcende um único 'setor' da política social; e\ou uma estratégia política de articulação entre setores sociais diversos e especializados. Além disso, relacionada à sua condição de estratégia, a intersetorialidade também é entendida

como: instrumento de otimização de saberes; *competências e relações sinérgicas*, em prol de um objetivo comum; e *pratica social* compartilhada, que requer pesquisa, planejamento e avaliação para realização de ações conjuntas. Trata-se de um conceito polissêmico que, tal como a própria política social, possui identidade complexa, e, talvez por isso, as duas se afinem (PEREIRA, 2014, p. 23).

A discussão de intersetorialidade deve vincular-se à da interdisciplinaridade, porque, mesmo esta apresentando também uma definição inconclusa, a interdisciplinaridade ainda se apresenta como o conceito teoricamente mais estudado e trabalhado epistemologicamente, servindo, assim, de base para a conceituação da intersetorialidade, adverte a autora.

Próximo a essa perspectiva, Severino (2010) também observa que a experiência da interdisciplinaridade não foi vivenciada e explicitada em sua prática concreta, sendo ainda um processo pesquisado em todas as áreas, tanto na elaboração do saber como na ação social e na política social. Por isso, esclarece que todo investimento de pesquisa e ação se fez no sentido de uma prática tangível da interdisciplinaridade e expressa um esforço significativo rumo à constituição do interdisciplinar.

Nessa direção, as análises elaboradas por Pereira (2014) e Severino (2010), quanto à discussão aproximativa sobre interdisciplinaridade e intersetorialidade, são abordagens norteadoras ainda que os conceitos não possuam um sentido único, mas sejam constantemente invocados.

De acordo com Severino (2010), compreende-se que a conceituação de interdisciplinaridade é, sem dúvida, uma tarefa inconclusa, visto que, até hoje, não se conseguiu definir com exatidão o que venha a ser essa "vinculação, reciprocidade, interação, continuidade de sentido ou complementariedade entre várias disciplinas" (p. 11).

Na perspectiva de Japiassu (1975), para determinar esse conceito deve-se conceituar a disciplinaridade, e somente depois os termos *multidisciplinaridade, pluridisciplinaridade e transdisciplinaridade*, por considerar que existe uma correlação entre esses conceitos. Ressalta o autor que

> Disciplina tem o mesmo sentido que 'ciência'. E disciplinaridade significa a exploração cientifica especializada de determinado domínio homogêneo de estudo, isto é, o conjunto sistemático e organizado de conhecimentos que apresentam características próprias nos planos de ensino, da formação, dos métodos, e das matérias; esta exploração consiste em fazer surgir novos conhecimentos que se substituem aos antigos (JAPIASSU, 1976, p. 72).

Sobre a multidisciplinaridade, aponta que esta

> Só evoca uma simples justaposição, num trabalho determinado, dos recursos de várias disciplinas, sem implicar necessariamente um trabalho de equipe e coordenado. Quando nos situamos no nível do simples multidisciplinar, a solução de um problema só exige informações tomadas de empréstimo a duas ou mais especialidades ou setores de conhecimento, sem que as disciplinas levadas a contribuírem por aquela que as utiliza sejam modificadas ou enriquecidas. Em outros termos, a démarche multidisciplinar consiste em estudar um objeto sob diferentes ângulos, mas sem que necessariamente tenha havido um acordo prévio sobre os métodos a seguir ou sobre os conceitos a serem utilizados. Tanto o multi quanto o pluridisciplinar realizam um agrupamento, intencional ou não, de certos 'módulos disciplinares', sem relação entre as disciplinas (o primeiro) ou com algumas relações (o segundo): um visa à construção de um sistema disciplinar de apenas um nível e com diversos objetivos; o outro visa à construção de um sistema de um só nível e com objetivos distintos, mas dando margem a certa cooperação, embora excluindo toda coordenação (JAPIASSU, 1976, p. 72-73).

Nas análises de Japiassu (1976), a multidisciplinaridade consiste em simples agrupamento dos recursos de várias disciplinas, dado que se investiga o objeto em diferentes ângulos, que não apresentam uma relação entre as disciplinas ou implicam um trabalho coordenado, orgânico e cooperado.

A multidisciplinaridade constitui-se num agrupamento de disciplinas ou ramos especializados de saberes que se reúnem em volta de um tema, uma problemática em comum, mas que não se adentram uma na outra. O que significa ressaltar que a relação multidisciplinar entre os diferentes saberes só requer "tomadas de empréstimos", sem que essas especialidades sejam aperfeiçoadas. Trata-se em outras palavras de um agrupamento, intencional ou não, de conhecimentos, experiências, profissões, achados de pesquisa, sem necessariamente requisitar um trabalho de equipe e coordenado; ou então um objeto estudado sob diferentes aspectos, mas sem que anteriormente tenha havido acordos prévios sobre os métodos e conceitos a serem utilizados (JAPIASSU, 1976; PEREIRA, 2014).

Uma dimensão importante nessa aproximação conceitual está na análise de Pereira (2014) ao afirmar que a multidisciplinaridade se diferencia da interdisciplinaridade na medida em que não estabelecem vínculos orgânicos entre as disciplinas. Refere-se a um conjunto de disciplinas ou ramos de saberes especializados que se agregam em torno de uma temática, sem, no entanto, constituir a essência de seus nexos. O que significa dizer que, na relação multidisciplinar, há apenas o agrupamento de disciplinas sem que haja alterações ou ultrapasse os limites das demais disciplinas ou conhecimentos.

Japiassu (1976) demonstra que o conceito da pluridisciplinaridade aproxima-se da multidisciplinaridade apenas por um aspecto de combinação ou união entre as diferentes disciplinas, localizadas no mesmo nível hierárquico e reunidas de maneira que possam aparecer as relações existentes entre elas.

A conceituação de *transdisciplinaridade*, segundo Japiassu (1976), foi elaborada por Piaget para significar

> [...] a etapa das relações disciplinares, podendo esperar que se suceda uma etapa superior, que não se conteria em atingir interações ou reciprocidade

entre pesquisas especializadas, mas que situaria essas ligações no interior de um sistema total, sem fronteiras estabelecidas entre as disciplinas (p. 75).

Na transdisciplinaridade, há um período das relações disciplinares. Portanto, espera-se que aconteça uma etapa superior. Embora não seja necessário haver interações entre as disciplinas de forma recíproca, suas ligações estariam situadas numa perspectiva de totalidade, de forma que não há hierarquia entre as disciplinas estabelecidas.

O conceito de interdisciplinaridade pressupõe que devemos reconhecer que ele não "possui ainda um sentido epistemológico único e estável. Trata-se de um neologismo, cuja significação nem sempre é a mesma e cujo papel nem sempre é compreendido da mesma forma" (JAPIASSU, 1976, p. 72).

De acordo com o autor, a interdisciplinaridade pode ser tipificada como o grau/ponto em que a colaboração entre as diferentes disciplinas e/ou setores de uma mesma ciência ou política social conduz a interpretação exata/apropriada, isto é, possui uma certa reciprocidade nas trocas, de tal forma que, no final do processo de interação, cada disciplina saia enriquecida/qualificada. Pode-se assinalar que nos identificamos frente a um empreendimento interdisciplinar todas as vezes que ele conseguir agregar informações de várias especialidades, que tomar de empréstimo a outros saberes certos instrumentos e técnicas metodológicas, fazendo o uso de um conjunto de métodos e procedimentos conceituais e nas análises que se encontram nas diversas disciplinas, a fim de fazê-las relacionarem e convergirem, depois de terem sidos comparadas e julgadas. Assim, pode-se dizer que a função específica da atividade interdisciplinar consiste, fundamentalmente, em lançar uma conexão para interligar as fronteiras que haviam sido estabelecidas entre as disciplinas (as políticas sociais) com a finalidade exata de assegurar a cada uma seu caráter propriamente positivo, segundo modos particulares e com resultados específicos.

Nesse sentido, o exame de Vasconcelos (2010) sobre a interdisciplinaridade nas novas práticas de saúde mental demonstra a existência de uma relação entre as diversas disciplinas entendidas como áreas de saber historicamente institucionalizadas, envolvidas na teorização. Ao expor a relação das disciplinas, exemplifica e observa que a lista dessas não é pequena e que cada disciplina se ocupa de uma determinada área da ciência e de um saber particular. A conceituação de intersetorialidade também é inconclusa de acordo com as análises de Silva:

> Tema abrangente, abordado por diversas áreas do conhecimento, apresentando diferentes concepções e enfoques. Objeto, muitas vezes, de tratamento genérico, cujo consenso é restrito ao destaque de sua relevância na atualidade, devendo ser percebida como um processo inconcluso e em permanente construção (2014, p. 167).

A abordagem sobre a intersetorialidade que mais se aproxima da interdisciplinaridade, em seus aspectos totalizantes, encontra-se em Almeida e Santos (2014), na seguinte reflexão no âmbito da política social:

> A intersetorialidade é aqui entendida como esforço coletivo no campo das políticas sociais públicas com vistas a seu planejamento programático focado na superação das dicotomias e das intervenções isoladas. Assim, tendo por referência as reflexões de Insoja [...], defendemos uma perspectiva de trabalho intersetorial que vá além das justaposições ou composição de projetos que na realidade continuam sendo planejados e formulados de maneiras segmentadas e fatiadas. Como aponta a referida autora, "a vida está tecida em conjunto", o que significa, na prática, que as necessidades sociais e as expectativas das pessoas devem ser compreendidas e respondidas em sua totalidade, de forma integrada e articulada (ALMEIDA; SANTOS, 2014, p. 204-205).

A compreensão de intersetorialidade numa perspectiva mais próxima da unidade abrangente não encontra fácil concretização. No entanto, Silva (2014), em análises que partem das contribuições de Schutz e Mioto (2010), busca apresentar três aproximações a esse conceito:

> A) Intersetorialidade como complementaridade de setores que se voltam para o atendimento das necessidades da população numa perspectiva de totalidade, não eliminando, porém, a singularidade das diferentes políticas e setores; B). Intersetorialidade como construção de práticas intersetoriais, originando um novo espaço a partir de problemas concretos e conduzindo à aprendizagem na abordagem de atendimentos conjuntos dos problemas da população; C) Intersetorialidade como princípio de trabalho em redes intersetoriais para ações conjuntas (SCHUTZ; MIOTO, 2010 apud SILVA, 2014, p. 168).

Sob a compreensão de que a intersetorialidade traz uma perspectiva política, Pereira (2014) argumenta que:

> Não é uma estratégia técnica, administrativa, ou simplesmente de boa prática gerencial. Pelo contrário. É um processo eminentemente político e, portanto, vivo e conflituoso. A intersetorialidade envolve interesses competitivos e jogos de poderes que, na maior parte das vezes, se fortalecem na sua individualidade, ao cultivarem castas intelectuais, corporações, linguagem hermética e autorreferenciamento de seus pares (2014, p. 37).

Nessa direção, a intersetorialidade é um processo eminentemente político, voltado para a articulação de redes sociais na intencionalidade de assegurar um conjunto de direitos por meio da interação entre as diversas políticas sociais. A intersetorialidade se configura como uma estratégia de complementaridade às incompletudes demarcadas e consolidadas na política social. Desse modo, medeia a superação entre a fragmentação e o isolamento postos na área, com a perspectiva de alcançar a unidade no trato da política social em suas diferentes configurações e abordagens.

Em suma, a dominação imperativa e hegemônica do positivismo pode ser inferida a partir das abordagens interdisciplinares e intersetoriais predominantes nas Ciências Sociais e políticas sociais.

1.1 Da concepção fragmentária à concepção unitária na abordagem da interdisciplinaridade e da intersetorialidade

Os fundamentos históricos e teórico-conceituais sobre a interdisciplinaridade e a intersetorialidade, apreendidos na perspectiva das ciências sociais e em diferentes autores, afirmam o imperativo e a dominação hegemônica do positivismo.

Severino (2010) corrobora essa compreensão. Para o autor,

> O positivismo torna-se, portanto, no limiar da contemporaneidade, o maior responsável pela fragmentação do saber e o maior obstáculo à própria interdisciplinaridade. E com toda razão, dado que ele se apresenta fundamentalmente como uma Filosofia da Ciência, tematizando de modo específico a questão da natureza, do processo e do alcance e validade do saber científico. Tendo, portanto, muita autoridade, marcou profundamente as feições da cultura contemporânea, de modo particular no aspecto epistemológico. Consagra a proposta das especializações, que, se não chegaram a comprometer o esforço de unificação no âmbito das Ciências Naturais, comprometeram-no, de forma inevitável, no âmbito das Ciências Humanas (2010, p. 15).

O positivismo é o maior responsável pelo fracionamento do conhecimento e pelo bloqueio à própria interdisciplinaridade. Outro estudioso do tema, Severino analisa que

> Por isso, buscar hoje caminhos da interdisciplinaridade é tarefa que inclui um necessário acerto de contas com o positivismo bem como uma reavaliação com sua herança. É bom entender, no entanto, que esta busca não significa a defesa de um saber genérico, enciclopédico, eclético ou sincrético. Não

> se trata de substituir as especialidades por generalidades, nem o seu saber por um saber geral, sem especificações e delimitações. Assim, já se esclarece um pouco mais o que vem a ser a unidade do interdisciplinar: o que se busca é a substituição de uma Ciência fragmentada por uma Ciência unificada, ou melhor, pleiteia-se por uma concepção unitária contra uma concepção fragmentária do saber científico, o que repercutirá de igual modo nas concepções de ensino, da pesquisa e da extensão (2010, p. 15).

O autor reconhece que o projeto positivista teve suas contribuições ao questionar e superar o saber metafísico e o teocentrismo, e reporta à relação teórica e conceitual entre o processo da divisão social e a técnica do trabalho, referenciando que:

> Se, de um lado, é de se creditar ao projeto iluminista\positivista uma valiosa contribuição ao denunciar e superar a generalidade do saber metafísico, livrando-nos assim, do medo do mundo da naturalidade, impõe-se hoje, de outro lado, debitar-lhe o ônus da fragmentação do Saber, o que exige igualmente a prática de uma denúncia e o esforço de superação dessa etapa de evolução do saber. E isso não só por motivos exclusivamente epistemológicos, mas também por motivos políticos. A concepção fragmentária da ciência, tal qual foi consolidada pelo Positivismo no contexto do mundo contemporâneo, relaciona-se de forma íntima com o processo de divisão social e técnica do trabalho humano, diluído no taylorismo da ação técnico-profissional. Isso tem graves consequências na estruturação da sociedade e na alocação do poder político entre as classes sociais. Além da base epistemológica do desenvolvimento científico e técnico, o Positivismo passou também a ser sustentáculo ideológico, extremamente consistente e resistente do sistema de poder social e político reinante nas sociedades modernas, sistema de poder este que tem se manifestado de modo fundamental como sistema de opressão, pelo que contradiz radicalmente as intenções declaradas do

projeto iluminista de fazer da Ciência um instrumento de libertação dos homens (p. 16).

Apreende-se com Severino (2010) que não basta fazer a crítica do positivismo apenas no campo do conhecimento, mas é também necessariamente política.

O debate da interdisciplinaridade nas Ciências Sociais desenvolvido por Japiassu (1976) evidencia que o desenvolvimento do conhecimento científico atrelado ao mundo moderno deu-se sob o impulso da técnica. Assim, prevaleceu a ruptura entre o pensamento e o universo material devido ao êxito da especialização, que, ao avançar, consistiu no saber sobre tudo e ao mesmo tempo sobre nada.

Essa análise mostra que, quanto mais se desenvolvem as disciplinas do conhecimento, diversificando-se, mais perdem o contato com a realidade humana. Assim, pode-se falar de uma alienação do humano, prisioneiro de um discurso tanto mais rigoroso quanto melhor separado da realidade global, pronunciando-se num isolamento da ordem das realidades. A separação sempre crescente das disciplinas científicas constitui a expressão de um desmembramento da realidade humana. Sendo assim, a ciência fragmentada de nossa época não passa de reflexo de uma consciência "esmigalhada", sem a capacidade de formar uma imagem de conjunto do mundo.

No contexto histórico que segue a década de 1970, os estudos de Guerra (2002), Antunes (2006), Netto (2009) e Harvey (2001) demonstram a racionalização, a especialização, a acumulação flexível e a reestruturação produtiva do capital como partes do movimento de produção e reprodução capitalista para enfrentar sua crise de acumulação e valorização, transformando-as em valores "ideais" incorporados no conjunto da sociedade, principalmente no modo de ser e fazer. Intensifica-se ainda mais a divisão sociotécnica do trabalho, aprofundando a fragmentação e a ampliação dessa divisão para outras áreas crivadas pela segmentação entre o político e o econômico.

As contribuições de Harvey (2001, p. 21) evidenciam que "a modernidade une toda a humanidade. Mas trata-se de uma unidade paradoxal, uma unidade da desunidade; ela nos arroja num redemoinho de perpétua desintegração e renovação, de luta e contradição, de ambiguidade e angústia".

Sua análise crítica sobre a modernidade, modernismo e modernização é fundamental. Harvey (2001) desenvolve seu estudo retomando sinteticamente a análise de Marx e os conceitos de mercadoria, teoria do valor e representação social do trabalho, valor de uso e valor de troca, acumulação capitalista no processo de produção e reprodução do capital-trabalhado na vida urbana, alienação, fetichismo, lucro, mais-valia.

Ao analisar a divisão do trabalho na fábrica, elucida que:

> Os capitalistas podem utilizar seus direitos de modo estratégico para impor todo tipo de condições ao trabalhador. Este último costuma estar alienado do produto, do comando do processo de produção, bem como da capacidade de realizar o valor do fruto de seus esforços - esse valor é apropriado pelo capitalista como lucro. O capitalista tem o poder (que de forma alguma é arbitrário ou total) de mobilizar os poderes da cooperação da divisão do trabalho e do maquinário como poderes do capital sobre o trabalho. Disso resulta uma detalhada divisão organizada do trabalho na fábrica, o que reduz o trabalhador a um fragmento de pessoa (HARVEY, 2001, p. 101).

A divisão social do trabalho é substituída pelo despotismo – levado a efeito por meio de uma hierarquia de autoridades e estreita supervisão de tarefas – da fábrica. Essa fragmentação forçada, tanto social como técnica, num mesmo processo de trabalho, é acentuada pela perda do controle sobre os instrumentos de produção, que transformam o trabalhador, efetivamente, num "apêndice" da máquina. A inteligência é objetificada na máquina, separando o trabalho manual do trabalho intelectual.

Dessa forma, reitera-se que as análises do capitalismo formuladas tanto por Marx (2004) quanto por Harvey (2001) oferecem uma base sólida para se pensar as relações gerais entre modernização, modernidade e movimentos estéticos.

Netto (2009b) sintetiza que a concepção teórico-metodológica de Marx se concentrou na elaboração da Teoria do ser social burguês numa perspectiva de totalidade. As reflexões contidas nessa Teoria e no seu método compreendem desde a crítica mais filosófica até os fundamentos do materialismo histórico-dialético.

Em relação ao que se discute, encontra-se nas análises de Coutinho (2010) referencial para aprofundar e apreender o problema da razão dialética, da fragmentação do real e do conhecimento com base no desenvolvimento da filosofia burguesa. De acordo com Coutinho (2010), os acontecimentos de 1830-1848 foram marcados por uma crescente decadência e abandono pela filosofia burguesa das categorias do humanismo, historicismo e razão dialética. "Essa descontinuidade da evolução filosófica corresponde naturalmente à própria descontinuidade objetiva do desenvolvimento capitalista" (p. 21).

Demarca-se o período da decadência ideológica, que compreende o movimento de ruptura conservadora da burguesia com a tradição progressista, no qual se nega ou se limita o papel da razão no conhecimento e na práxis humana.

Da totalidade do pensamento originário, analisa Coutinho:

> Esse rompimento apresenta uma particularidade relevante. A filosofia da época clássica era uma forma de conhecimento aberta para um saber verdadeiro, desantropomorfizador, científico, ainda que não estivesse inteiramente liberta de deformações ideológicas. Embora fosse na época uma classe progressista, a burguesia funda objetivamente um regime de exploração e é limitada pelas formas de divisão do trabalho que esse regime introduz na vida social. Por isso, ao mesmo tempo que elabora um conhecimento objetivo de aspectos essenciais da realidade, tende a deformar ideologicamente várias categorias desse processo. O idealismo objetivo do próprio Hegel é um exemplo evidente; sua teoria do "fim da história", a mística afirmação de uma absoluta identidade entre sujeito e objeto, são

posições ideológicas a serviço da justificação da positividade capitalista. [...] a filosofia da decadência é inteiramente ideológica. Os momentos de um saber verdadeiro, quando continuam a se manifestar, limitam-se cada vez mais às ciências particulares; no domínio filosófico, apenas os setores menos explosivos, como a lógica formal, podem apresentar um desenvolvimento efetivo. Ademais, mediante um intenso processo de especialização, consegue--se neutralizar as descobertas parciais e impedir que tenham repercussões na ética e na ontologia. Essas duas disciplinas filosóficas básicas são, em geral, afastadas do âmbito da ciência e declaradas irracionais (2010, p. 29-30).

Nesse sentido, Coutinho examina que as categorias do humanismo, historicismo e razão dialética são reduzidas, num primeiro plano, por um individualismo exagerado, que nega a sociabilidade, envolto em uma "*pseudo-historicidade*" subjetivista e abstrata, ou uma apologia da positividade, que transforma o real em "superficial"; no lugar da dialética, tem-se o irracionalismo ou agnosticismo, decorrente da delimitação da racionalidade às suas formas puramente intelectivas (2010, p. 30-31).

Guerra apreende nesse mesmo debate que "a barbárie instaurada na sociedade capitalista madura permite que se coloquem em dúvidas as possibilidades da razão objetiva em refigurar a realidade" (2002, p. 16).

Coutinho (2010), analisando Marx, insiste na tarefa de questionar quais foram os limites objetivos impostos pela vida imediata, pela divisão capitalista do trabalho, ao pensamento da decadência. De acordo com o autor, entende-se que os traços ideológicos mais importantes da época da filosofia clássica estavam voltados para a separação que o capitalismo instituiu entre trabalho manual e trabalho intelectual. E isso dificultou a construção de uma noção materialista da práxis, por reduzir a atividade humana a aspectos puramente subjetivistas e ideológicos. Aliada ao progresso técnico que o capitalismo é obrigado a desenvolver, a práxis humana tende a objetivar-se contra os próprios homens, tornando-se objetividade alienada.

> A práxis aparece agora como uma mera atividade técnica de manipulação; a objetividade se fragmenta numa coleção de "dados" a serem homogeneizados; e, finalmente, a razão reduz-se a um conjunto de regras formais subjetivas, desligadas do conteúdo objetivo daquilo que se aplicam. Essa "miséria da razão" transforma em algo irracional todos os momentos significativos da vida humana. Tanto a 'destruição' quanto a 'miséria' da razão, tanto o irracionalismo quanto o agnosticismo positivista ou estruturalista ligam-se a esse predomínio inconteste da espontaneidade burocrática (COUTINHO, 2010, p. 43).

Afirma o autor que a corrente irracionalista e agnosticista nega explicitamente que a totalidade do real possa ser objeto de uma apreensão racional. Quando se reconhece o valor da razão esta é sempre vista como fragmentada a algumas esferas da realidade; assim, irracionalismo e "miséria da razão" se completam, refugiam-se num formalismo vazio e se convertem em positivismo, passando a estabelecer "limites" à compreensão da realidade. Em síntese, a razão,

> [...] deixa de ser a imagem da legalidade objetiva da totalidade real, passando a confundir-se com regras formais que manipulam 'dados' arbitrariamente extraídos daquela totalidade objetiva. [...] A miséria da razão é expressão teórica - deformada e deformante -do mudo burocratizado do capitalismo (2010, p. 51).

Netto, sobre o exame racional da realidade, ressalta que

> Em Marx, a crítica do conhecimento acumulado consiste em trazer o exame racional, tornando conscientes os seus fundamentos, os seus condicionamentos, e os seus limites – ao mesmo tempo em que se faz a verificação dos conteúdos a partir de processos históricos reais (2009b, p. 672).

Coutinho (2010) examina, num contexto antecedente, a situação histórica que condicionou uma tendência extremamente agnóstica: "o intelecto, incapaz de compreender a realidade contraditória do início do século refugia-se nos exíguos limites da 'linguagem subjetiva', convertendo o mundo no 'mundo' do indivíduo isolado" (p. 99). E com a relativa consolidação do capitalismo contemporâneo, a generalização dos processos de manipulação nutriu a falsa ideia de que a contradição do real foi eliminada.

Nessa direção, a corrente positivista volta a mostrar pretensões "ontológicas": o conjunto de regras formais que os neopositivistas lógicos fixam no sujeito aparece agora, no estruturalismo, como "coisa" autônoma, superior e independente dos homens (COUTINHO, 2010, p. 100).

Observado isso, cabe assinalar, segundo Coutinho (2010), que a apreensão e compreensão do real sob as bases neopositivista e estruturalista

> Em suma [...] não representa uma aquisição de novos campos para a razão humana. Todos os elementos ontológicos da realidade considerados pelo neopositivismo como incognoscíveis, como pseudoproblemas metafísicos, continuam excluídos da 'razão' estruturalista. Ao explícito agnosticismo dos primeiros, substitui-se agora um 'agnosticismo envergonhado', que oculta sua face por trás de uma falaciosa ideologia cientificista. À 'miséria da razão', que marca o movimento neopositivista, vem juntar--se uma "miséria do objeto", um empobrecimento radical do pensamento e da vida humana. Os limites da 'razão' estruturalista são os limites da consciência fetichizada de nosso tempo (2010, p. 99).

Com isso, vem-se conservando a hegemonia de um padrão de ciência fragmentada e desarticulada da perspectiva de totalidade. A ciência, por sua vez, não consegue superar a tendência estruturalista-funcionalista na construção do saber científico, no sentido do envolvimento de um maior nível de criticidade e transposição do conhecimento.

Segundo Sá, atribui-se a mudança à virtude do conteúdo programático de determinadas disciplinas, sem necessária revisão das bases epistemológicas da formação profissional. "Com isso, os 'currículos acabam evidenciando mecanismos de manutenção de estruturas educativas funcionalistas e trabalhando espaços muito reduzidos para a sua superação" (2010, p. 7).

Assim, ao se fragmentar o saber/ciência, perde-se a perspectiva da totalidade e da contradição. Faz-se com que a compreensão da realidade seja analisada apenas em caráter superficial, permeada por um único viés analítico. A apreensão da concreticidade do real é abarcada numa *pseudoconcreticidade*[1] sem o estabelecimento dos seus nexos causais. Tem-se ainda que as influências dessas distorções interferem notoriamente no ensino, na pesquisa, na extensão, na intervenção profissional, no campo da política social.

Nessa direção, constata-se a concordância entre Severino (2010), Sá (2010) e Pereira (2014) quanto a investir na tarefa de pesquisar sobre a interdisciplinaridade e a intersetorialidade, devendo-se levar em consideração o momento histórico dominado pela lógica do processo científico positivista.

Tarefa essa que inclui os estudos sobre o pós-modernismo. Pereira afirma que:

> O discurso do chamado pós-modernismo, que também critica o positivismo como uma anacrônica herança da modernidade e reivindica a sua superação, vem ganhando adeptos. Só que, sob esse discurso, o acerto de contas com o positivismo seria:

---

[1] Compreender o fenômeno é atingir a essência. No mundo da pseudoconcreticidade o aspecto fenomênico da coisa, em que a coisa se manifesta e se esconde, é considerado como a essência mesma, e a diferença entre fenômeno e essência desaparece. Por conseguinte, a diferença que separa fenômeno e essência equivale à diferença entre irreal e real, ou entre duas ordens diversas da realidade? A essência é mais real do que o fenômeno? A realidade é a unidade do fenômeno e da essência. Por isso, a essência pode ser tão irreal quanto o fenômeno, e o fenômeno tanto quanto a essência, no caso em que se apresentem isolados e, em tal isolamento, sejam considerados como a única ou 'autêntica' realidade (KOSIK, 1976, p. 12).

romper com a ciência moderna, dado o século XIX, de pureza kantiana- cujos pilares são a neutralidade, a experimentação, a quantificação, colocando em seu lugar uma ciência pós-moderna (2014, p. 29).

Também sobre o pós-modernismo, Closs (2013), ao sintetizar as ideias de Harvey, afirma que:

> O pós-modernismo passa a ter repercussões no campo da filosofia, da arte e também da política, e tem como marcas [...] a ênfase para o fragmento e para a indeterminação, bem como uma intensa desconfiança dos discursos universais ou 'totalizantes'; a reação ao humanismo e ao legado do iluminismo, acompanhada da aversão aos projetos que buscam a emancipação humana através da tecnologia, da ciência e razão; a aceitação da efemeridade, da descontinuidade e do caótico; o ataque e a rejeição ás metalinguagens, metanarrativas ou metateorias, através das quais os fenômenos/aspectos da realidade possam ser conectados e representados; a rejeição de uma visão unificada do mundo pelo pós-modernismo, que abandona a possibilidade de engajamento de um projeto global de mudança para a ação que só pode ser concebida em termos de algum determinismo local; a ênfase na estética em detrimento da ética; e, por fim, da sustentação de valores e crenças (CLOSS, 2013, p. 156).

Segundo Harvey, "nenhum modelo de pensamento se torna dominante sem propor um aparato conceitual que mobilize nossas sensações e nossos instintos, nossos valores e nossos desejos, assim como as possibilidades inerentes ao mundo social que habitamos" (2014, p. 15).

O esforço que se exige nessa reflexão é de qualificar a constituição de uma perspectiva de totalidade que ultrapasse a fragmentação e a desarticulação e não se limite a uma compreensão de unidade como resultado de atividade mental, intelectiva ou de saberes e práticas profissionais, mas fruto da complexa relação entre realidade social e conhecimento, expressão da práxis social, levando em conta o movimento pelo qual se constitui o real.

1.2 O conhecimento na perspectiva da totalidade e apreensão da realidade social

Se a interdisciplinaridade pode ser concebida como uma maior aproximação da razão dialética na apreensão da realidade, cabe frisar que não é análoga à categoria analítica de totalidade. Ianni afirma que:

> Refletir dialeticamente é não progredir de modo positivista, é não refletir de modo contínuo, é não refletir em termos de senso comum, é não refletir em termos religiosos, é refletir em termos científicos, filosóficos, com estas peculiaridades. Então, [é] esse [o] método de reflexão, ou seja, esse andamento da reflexão dialética que é caminhar da aparência à essência, da parte ao todo, do singular ao universal, isso tudo em conjunto, levando em conta o modo de constituição, a maneira pela qual se constitui a realidade (1986, p. 24).

Trata-se, na perspectiva da crítica marxista, de trazer a condensação do conhecimento de forma relacional, de totalidade, ao mesmo tempo constituído de processos históricos da realidade na abordagem de problemas. Netto (2009) assevera que a teoria marxista não se resume ao exame das formas dadas de um objeto, com o pesquisador descrevendo-o minuciosamente e construindo modelos explicativos. Ao contrário, ela se distingue de todas aquelas modalidades mencionadas e tem especificidade, visto que "o conhecimento teórico é o conhecimento do objeto tal como ele é em si mesmo, na sua existência real e efetiva" (NETTO, 2009, p. 673).

Nas análises marxistas desse autor, o objeto apresenta uma existência objetiva e isso significa também entender que a relação entre sujeito e objeto não é uma relação externa, dada por uma simples aplicação das leis, dos métodos e das regras e que exclui qualquer exigência de neutralidade. Sendo assim,

> O objeto de pesquisa tem, insista-se, uma existência objetiva, que independe da consciência do

pesquisador. Mas o objeto de Marx é a sociedade burguesa [...]. Isso significa que a relação sujeito/objeto no processo do conhecimento teórico não é uma relação de externalidade, tal como se dá, por exemplo, na citologia ou física; antes é uma relação em que o sujeito está implicado no objeto. Por isto mesmo, a pesquisa – e a teoria que dela resulta- da sociedade exclui qualquer pretensão de 'neutralidade' (NETTO, 2009b, p. 674).

Netto (2009b) prossegue esclarecendo sobre a concepção teórico-metodológica de Marx, ressaltando que sua análise tem pressupostos, mas referidos a pressupostos reais, fundamentados nas condições materiais da sociedade. Sendo assim, tem-se que é a realidade que determina a consciência e não o inverso.

Nesse sentido, a apreensão do objeto só se torna possível, conforme formula Marx,

> Através de uma análise, chegaríamos a abstrações cada vez mais tênues, até atingirmos determinações mais simples. Chegados a este ponto, teríamos que voltar a fazer a viagem de modo inverso, até dar de novo com a população, mas desta vez não como uma representação caótica de um todo, porém com uma rica totalidade de determinações e relações diversas. O primeiro constitui o caminho que foi historicamente seguido pela nascente economia. [...]. O último método é manifestadamente o método cientificamente exato. O concreto é concreto porque é síntese de muitas determinações, e isto é unidade do diverso. Por isso o concreto aparece no pensamento como o processo da síntese, como resultado, não como ponto de partida, ainda que seja o ponto de partida efetivo e, portanto, o ponto de partida também da intuição e da representação. No primeiro método, a representação plena volatiza-se em determinações abstratas, no segundo, as determinações abstratas conduzem à reprodução do concreto por meio do pensamento. Por isso é que Hegel caiu na ilusão de conceber o real como

resultado do pensamento que se sintetiza em si, se aprofunda em si, e se move por si mesmo; enquanto que o método consiste em elevar-se do abstrato ao concreto e não é senão a maneira de proceder do pensamento para se apropriar do concreto, para reproduzi-lo como concreto pensado (1991, p. 16-17).

As referências de Marx (1991) e Netto (2009b) explicitam que a materialidade dos fatos está no real como unidade e síntese de múltiplas determinações e, para apreender em essência essas determinações, é necessário capturar na totalidade as mais diversas mediações do real. Ou seja, Marx expõe o método histórico-dialético para a compreensão da realidade, indicando a perspectiva da totalidade, da relação de reciprocidade e de antagonismo (MARX, 1991; NETTO, 2009b).

Pereira (2014) explicita que a totalidade na relação dialética é favorecida pela relação dinâmica e independente entre as partes e comporta ao mesmo tempo relações de contradição e de reciprocidade. É pela reciprocidade que os diversos aspectos do real se unem nas suas mediações para integrar e cooperar. A importância desse princípio é que, ao mesmo tempo que sustenta não existir na sociedade e na natureza problema que não possa ser compreendido, chama a atenção para o fato de se considerarem as determinações que o explicam.

Nesse sentido, Pereira (2014) defende que a relação dialética não acontece de maneira voluntária, não sendo os aspectos da totalidade e reciprocidade suficientes para expor a existência de uma relação dialética. Essa relação configura-se contraditória, sendo possível relatar que, se não houver contradição em sua totalidade, não se trata de uma relação dialética, visto que toda relação dialética é permeada por aspectos contraditórios.

> Vale dizer, o caráter contraditório da relação dialética tem a ver com a constatação de que tudo que é unitário é também movimento, mas não qualquer movimento. [...] Está-se falando de movimento de

> transformação no seio das coisas, isto é, de quantidade em qualidades, porque não há movimento essencial que não seja consequência de contradições, de luta de contrários, que lhes são internas e inerentes. A mera soma de partes, ou articulação entre elas, não propicia mudança qualitativa. Toda mudança na qualidade da relação requer o reconhecimento de que o todo, constituído pela relação entre partes, tem potencialidade de se desenvolver, de inovar, de superar o passado, a partir do desaparecimento de alguns elementos e aparecimento de outros, no seu interior. É oposição entre o novo e o velho, instaurada num todo orgânico e dialeticamente relacional, que desencadeia o processo de mudança e de superação desejada e operada por agentes em relação contraditória. (PEREIRA, 2014. p. 33-34).

Observa-se que é a contradição entre o novo e o velho de forma relacional que possibilita a "práxis social" transformadora por meio de uma relação contraditória. Assim,

> A conquista do saber, que se desenvolve por meio do confronto entre ignorância e seu contrário [...]. A mudança qualitativa que daí decorre é produto de relações orgânicas que se desenvolvem no tempo; e, por isso, essa mudança é histórica e tem caráter inovador, já que representa a fecundidade da contradição, isto é, a prevalência do novo como síntese dos termos que se opunham; ou a conversão de um no outro: o velho para se desenvolver. Superação dialética, portanto, não significa aniquilações das particularidades, mas ultrapassagens, apoiando-se nessas particularidades (PEREIRA, 2014, p. 34).

Em síntese, Pereira (2014) observa que é necessário investigar concretamente as características e contradições específicas do real, pois essa é uma condição imprescindível para evitar que a leitura de determinadas realidades divergentes seja feita apenas por meio de um único paradigma ou corrente teórica positivada. Tal observação explica a existência de conhecimentos particulares no campo da totalidade da ciência, mas de forma que cada saber particular em relação a outro é sempre relativo e nunca absoluto.

Na relação dialética não é aceitável a existência de saberes desligados do movimento do conjunto que os condiciona, bem como é inconcebível a existência de um conjunto universal que não esteja vinculado intrinsecamente ao particular. Desse modo, o particular e/ou o específico só têm validade quando se vinculam ao universal. Nessa perspectiva crítica, torna-se essencial apreender em que medida a interdisciplinaridade e a intersetorialidade referem-se aos nexos, a mediações e contradições, numa aproximação à perspectiva de totalidades e historicidades de processos societários.

> Enfim, uma questão crucial reside em descobrir as relações entre os processos ocorrentes nas totalidades constitutivas tomadas na sua diversidade e entre elas a totalidade inclusiva que é a sociedade burguesa. Tais relações nunca são diretas; elas são mediadas não apenas pelos distintos níveis de complexidade, mas, sobretudo, pela estrutura peculiar de cada totalidade. Sem os sistemas de mediações [...] que articulam tais totalidades, a totalidade concreta que é a sociedade burguesa seria uma totalidade indiferenciada – e a indiferenciação cancelaria o caráter concreto, já determinado como "unidade do diverso" (NETTO, 2009b, p. 691).

Assim, as aproximações dos conceitos de interdisciplinaridade e intersetorialidade fundamentam as reflexões sobre o SINASE, que, com base na investigação desenvolvida, significam desvelar a incompletude, a fragmentação das políticas sociais e dos saberes profissionais para o atendimento ao adolescente em conflito com a lei. Ainda que em uma estratégia governamental orientada para a ampliação da articulação entre direitos sociais e políticas sociais.

2

POLÍTICA SOCIAL, INTERDISCIPLINARIDADE E INTERSETORIALIDADE

Com base nas abordagens analíticas apresentadas, o objetivo é analisar interdisciplinaridade e intersetorialidade na política social e suas configurações no Sistema Único de Saúde (SUS) e Sistema Único de Assistência Social (SUAS) na articulação de direitos sociais pelo SINASE. A partir das análises de Pereira (2014), Viana (2012) e Mascaro (2013), a questão da intersetorialidade e interdisciplinaridade é remetida à perspectiva de rompimento com a fragmentação das políticas sociais, buscando contrapor os termos *disciplina* e *setor*.

Para fundamentar essa discussão, encontram-se em Behring e Boschetti (2011) as referências para recapitular que as primeiras iniciativas reconhecíveis de políticas sociais surgiram na convergência dos movimentos de ascensão do capitalismo com a Revolução Industrial, das lutas de classes e do desenvolvimento da intervenção estatal. Ressaltam que a origem da Política Social está geralmente relacionada aos movimentos de massa social-democratas e ao estabelecimento dos Estados-nação na Europa Ocidental do final do século XIX, mas sua universalização situa-se na passagem do capitalismo concorrencial para o capitalismo monopolista, em sua fase tardia, pós-Segunda Guerra Mundial (1945).

2.1 A perspectiva de rompimento e a fragmentação da Política Social

Para o entendimento do processo de fragmentação da política social, torna-se mister retomar a discussão sobre a concepção de

Estado. De acordo com Mascaro (2013), o Estado na atualidade é uma forma de organização política, econômica e jurídica, remanescente e peculiar ao modo de produção capitalista. Essas formas encontram-se implicadas porque surgem da mesma fonte. No capitalismo, descerra-se a dissociação entre o domínio econômico e o domínio político.

A divisão do político como uma instância separada do econômico, e do direito social apartado dos sujeitos, não ocorre por acaso, ela é substancial e funcional à reprodução do sistema capitalista. Assim, "O Estado é um fenómeno especificamente capitalista" (MASCARO, 2013, p. 18); ele também "é o núcleo material da forma política e jurídica capitalista" (p. 38).

Behring (2011) demonstra os estágios em que o capitalismo se desenvolveu: capitalismo primitivo ou de manufatura (século XVI), clássico ou concorrencial (século XIX), capitalismo monopolista ou imperialista, em que há o desenvolvimento do capital financeiro combinado com o capital bancário. No capitalismo monopolista "Abre-[se] uma nova etapa do desenvolvimento do capitalismo, impulsionada pela lei geral da acumulação do capital, como desenvolvimento das forças produtivas, somadas a elementos políticos e militares; e a pressão do movimento democrático de massas" (2011, p. 33).

Apreende-se com Behring (2011) que as primeiras iniciativas de política social podem ser mais bem compreendidas no período Pós-Guerra, na contínua relação entre o Estado Liberal do século XIX e o Estado Social (século XX). Isso não significou uma ruptura radical entre os dois tipos de Estado, mas, sim, uma grande reforma na perspectiva de Estado, em que foram amenizados seus princípios liberais e incorporadas orientações social-democratas, num novo contexto socioeconômico, político e de luta de classes.

O Estado europeu liberal foi dissipador no reconhecimento dos direitos civis; contudo, tinha como função a proteção do direito à vida, à liberdade individual, à segurança e à propriedade. Já com a generalização das mobilizações, lutas e organização da classe trabalhadora em partidos políticos, sindicatos, no século XX asseguraram-se os direitos políticos, tendo o sufrágio universal se transformado em símbolo dessa grande conquista.

Examinam Behring e Boschetti (2011) que o surgimento da política social foi diferente e gradativo entre os diversos países, pois as conquistas sociais dependiam da forma como a classe trabalhadora se organizava para pressionar o Estado e também do grau de desenvolvimento das forças produtivas. Mas assinalam que, de forma generalizada, há consensos entre diversos autores em considerar que o final do século XIX demarca o período em que o Estado capitalista assumiu, em maiores proporções e de maneira mais sistematizada, ações sociais com obrigatoriedades.

Ao discutirem o *Welfare State*, elucidam Behring e Boschetti (2011) que somente algumas medidas de regulação pública não são suficientes para explicar a sua existência, mas a emergência de políticas sociais somada à luta de classe delimita-o.

A generalização do reconhecimento dos direitos de cidadania política e dos direitos sociais se tornou cada vez mais ampla e consolidada para a classe trabalhadora ao longo do período depressivo, em que ocorreu a crise do capitalismo (New Deal, de 1929-1932) e, sobretudo, após a Segunda Guerra Mundial.

Behring e Boschetti (2011) afirmam que Keynes, preocupado com o contexto, defendeu o intervencionismo do Estado por meio da economia, pois acreditava que o equilíbrio econômico poderia superar a crise existente e evitar novas crises cíclicas do capital a partir do controle das flutuações econômicas e, assim, equacionar o investimento no social. Criou um conjunto de medidas econômicas e sociais com vistas a gerar o pleno emprego e o crescimento econômico, a fim de reativar a produção no mercado capitalista liberal; instituiu serviços e políticas sociais para criar demanda efetiva e aumentar o mercado de consumo e fazer acordos entre partidos para mediar as relações trabalhistas. Sendo assim, tornou-se produtor e regulador de medidas sociais e econômicas em nome do bem comum.

Nessa perspectiva, Behring e Boschetti (2011) examinam que Keynes defendeu a lógica do Estado intervencionista em que o bem-estar deve ser buscado individualmente no mercado, sem desconsiderar a regulação deste; na área econômica e social, deve ser principalmente em torno de trabalhadores incapacitados para o trabalho, como idosos, crianças e deficientes, competindo ao Estado, portanto, o acréscimo da política social.

Institucionalizou-se a possibilidade de desenvolvimento de políticas sociais de responsabilidade governamental mais abrangentes e universalizadas, baseadas na cidadania, com aumento de investimentos financeiros para ampliar os benefícios sociais e o sistema de bem-estar, a partir da adoção e da expansão de programas sociais. Assim, expandiu-se o *Welfare State* ou Estado Social ou keynesiano-fordista em grande parte da Europa Ocidental, para garantir a proteção social, conforme Behring e Boschetti (2011).

Viana sobre o Estado Social explicita que

> [...] as políticas keynesianas explicam o intervencionismo estatal como uma consequência do problema da geração e absorção do excedente. Nesse caso, o capitalismo monopolista caracteriza-se por uma tendência de incrementar excedente sem gerar mecanismo de absorção da demanda (2012, p. 46).

Das análises de Viana (2012), o intervencionismo do Estado no capitalismo monopolista, ora expresso com política *keynesiana,* ocorreu no sentido de promover estratégias de controle da crise por meio da criação de "demanda/procura efetiva", para que se pudesse aumentar o poder de compra direta de bens e serviços pelos trabalhadores, como forma de aumentar o consumo de excedente gerado na produção capitalista. Observa-se que o sistema capitalista como contraditório, ao produzir mais do que sua capacidade de consumo pelo mercado, gera uma demanda excedente que resulta na "crise" do próprio sistema, conhecida como depressão econômica, que está relacionada à quebra do ritmo de crescimento, e não aos gastos sociais estatais. Com isso, a autora assinala que, no capitalismo monopolista, "a intervenção do Estado na economia é uma necessidade imposta pelo sistema capitalista, e os gastos estatais são funcionais ao sistema, como forma de gerar demanda agregada, [...] em nenhum caso, essa demanda pode ter objetivo social [...]" (p. 47). Desse modo, há uma depreciação do capital social, com a intenção de subir a massa e a taxa de lucro monopolista; bem como negar o caráter social no capitalismo avançado, de acordo com Behring (2011) e Viana (2012).

Na perspectiva de Loic Wacquant (2000), o Estado, para atender à demanda do capital frente ao neoliberalismo, enxugou os investimentos econômicos nas políticas sociais e passou a investir no rigor penal (armamentos, segurança, presídios e outros), como mecanismos de combate à violência e à questão social que dominavam tanto a América como a Europa. E isso reforçou o Estado Penal em detrimento do Estado Social, que passou a criminalizar, segregar e moralizar a pobreza, ao reduzir os gastos com a política social.

Nessa lógica, o Estado se mostra como um "aparato estatal" necessário à reprodução do sistema capitalista por continuar assegurando as relações de troca e exploração da força do trabalho na forma de salário e garantia da propriedade privada. E, considerando que nesse sistema as instituições jurídicas de garantia dos direitos só se consolidam se estiverem interligadas ao "aparato Estatal", tem-se que a relação entre a garantia do direito e sua efetividade/efetivação contratual só acontece de forma apartada dos próprios exploradores quanto dos explorados, segundo Mascaro (2013).

Segundo Harvey (2014), quando a política social é reduzida ao mínimo obrigatório, no geral, os resultados ocasionados são: desproteção social da classe trabalhadora com perdas significativas de direitos sociais frente a acumulação e especialização flexível; aumento das parcerias público-privadas, em que boa parte dos riscos fica sob a responsabilidade governamental enquanto o lucro é na iniciativa privada; e o fortalecimento do braço coercitivo, vigilante, jurídico do Estado neoliberal com investimento pesado nos mecanismos de segurança para resolver os problemas que surgem com as populações e trabalhadores descartados e marginalizados desse sistema. Nesses moldes, observa-se que há uma reconfiguração na lógica das instituições e práticas do Estado que passa a funcionar de forma reduzida, focalizada, descentralizada, setorializada, assim, acaba apartando o social do econômico e o sujeito dos seus direitos e moldando também a operacionalização da política social.

O autor também acentua que os direitos sociais se agrupam em torno de duas lógicas dominantes do poder, sendo elas: o "Estado territorial" e o "Estado capital". E, por mais que exista uma perspectiva de universalidade dos direitos sociais, é o Estado que precisa colocá-los em ação. Quando não há vontade política por parte do poder Estatal, tanto a concepção quanto a prática/efetivação do direito permanecem esvaziadas.

Sobre a perspectiva da intersetorialidade e descentralização, Almeida (2014) examina que tais processos surgiram para desregulamentar as práticas burocráticas da gestão das políticas sociais advindas do Estado-de-Bem-Estar-Social. Isso levou à crença de que os padrões de gestão centralizados não eram eficientes no campo da administração pública. Diante disso, a descentralização e a intersetorialidade se configurariam numa nova proposta de aperfeiçoamento de gestão e de operacionalização das políticas sociais, sem ao menos desvelar a propriedade neoliberal contida por trás dessa nova organização estatal.

Almeida (2014) considera que a constituição de diferentes setores como esfera de atuação do Estado é resultado da combinação, nem sempre homogênea, entre os padrões de racionalização das tecnologias de Estado, sobretudo no capitalismo monopolista. Assim, nesse período, a retomada do processo de descentralização é um dos fatores centrais, visto que situa a descentralização como técnica de mudança nas relações entre Estado e Sociedade, iniciada nos anos 70, como possibilidade desenvolvida pelos países centrais na crise do Estado-de-Bem-Estar-Social.

Os argumentos de Viana (2012) aproximam-se dos de Almeida (2014) quando explicitam que, ao se instituir uma situação de crise do Estado de Bem-Estar, a ideologia neoliberal passou a difundir a existência de uma carga burocrática excessiva como forma de justificar a necessidade de estruturar um novo desenho de Estado e uma nova configuração das políticas sociais, pautadas na descentralização e no seu caráter misto e não público.

O ideário neoliberal, além de determinar um amplo processo de privatização das empresas estatais, refletiu-se também sobre os serviços públicos, mudando de forma radical os princípios racionalizadores da gestão pública das políticas sociais. E "introduziu parâmetros de descentralização e de racionalização das políticas públicas articulados ao processo de expansão do capital financeiro que tem na focalização e na privatização das formas de prestação dos serviços sociais pilares importantes para se assegurar" (ALMEIDA, 2014, p. 239).

Sobre essa realidade Fonseca e Viana (2014a) refletem que, no campo da política social, a agenda da reforma neoliberal priorizou a formulação e a implantação de programas de renda mínima ou de transferência de renda como forma da retirada progressiva do conjunto de serviços oferecidos pelo Estado, e aderiu a um conjunto de medidas com o objetivo de descentralizar, privatizar e concentrar os programas nos segmentos mais pobres, sendo estes cada vez mais desenvolvidos de forma setorial (p. 60). Viana (2012b), ao argumentar sobre a aplicação do princípio neoliberal na política social, reconhece que assumir essa configuração tornou-se mais problemática devido a acostar-se à função distributiva dessa política, ligada aos resultados de uma política econômica geradora de crescimento e restritiva de recursos em favor do atendimento dos interesses do mercado. Desse modo, passou-se a garantir apenas o direito à sobrevivência mediante uma cidadania tutelada:

> Com a focalização, não se produzem condições igualitárias de acesso a bens, serviços e direitos, o que conduz a uma realidade definida por Hobsbawm (1994) como barbárie social. Atualmente, apesar da defesa da globalização de direitos, da economia, do desenvolvimento, o que mais se globaliza, sob a

ingerência neoliberal, é a miséria humana, reforçada por uma distribuição injusta de recursos, de condições de acesso e oportunidades que aumentam a pobreza e as desigualdades sociais, não só entre os países, mas no interior de cada país (VIANA, 2012, p. 62).

Compreende-se que a setorialização e a focalização da política social obstaculizam a produção do acesso universal aos direitos sociais, pois, mesmo existindo a defesa da universalidade de acesso, a realidade reafirmada pelo neoliberalismo se mostra contraditória e reprodutora das desigualdades, da violência e da pobreza nessa sociedade.

A relação entre política social e Estado neoliberal, analisa Barbosa, "é a razão burguesa contemporânea, que explica o pauperismo pelo prisma do gerenciamento de comportamentos individuais e ações públicas de correção de males do mercado" (2014, p. 132).

Segundo Harvey, as implicações neoliberais apontam que tal contexto é marcado pela

> Empática acolhida ao neoliberalismo nas práticas políticas e no pensamento político-econômico desde os anos 70. A desregulação, a privatização, e a retirada do Estado de muitas áreas têm sido muitíssimo comuns. [...]. O neoliberalismo se tornou hegemônico como modalidade de discurso e passou a afetar tão amplamente os modos de pensamentos que se incorporou às maneiras cotidianas de muitas pessoas interpretarem, viverem e compreenderem o mundo (2014, p. 13-14).

Harvey (2014) afirma que o neoliberalismo demarcou a desregulação estatal de direitos sociais, devido à retirada dos investimentos econômicos da política social, que passou a ter como foco a privatização pela regulação do mercado. Disso resultou o desmembramento entre o econômico e o social, desmembramento que foi incorporado nas formas de vida e de compreensão da sociedade.

> O processo de neoliberalização, no entanto, envolveu muita "destruição criativa", não somente dos

antigos poderes e estruturas institucionais (chegando mesmo a abalar as formas tradicionais de soberania do Estado), mas também das divisões do trabalho, das relações sociais, dos modos de vida e de pensamento, das atividades reprodutivas, das formas de ligação à terra e dos hábitos do coração (HARVEY, 2014, p. 13).

As análises de Almeida (2014) definem que a privatização, a focalização e a descentralização compuseram aspectos decisivos para o processo da contrarreforma neoliberal do Estado no que se refere à adequação das políticas sociais ao esforço de recomposição da dinâmica de acumulação do capital sobre novas bases de sustentação econômica e ideológica.

Almeida (2014) confirma que

> A constituição de cada um desses setores como esfera de atuação do Estado, no entanto, não denota uma processualidade exclusiva e isolada de cada um deles. A consolidação de cada setor de política social resulta da combinação, nem sempre homogênea, entre: 1 - os padrões de racionalização das tecnologias do Estado no campo da regulação social, sobretudo na fase monopólica do capital; 2- a correlação de forças entre as classes na configuração das formas de enfrentamento dos conflitos e das necessidades sociais; e 3- a dinâmica da institucionalização dos complexos que compõem a vida social e sua relação com o Estado. Portanto, a particularidade de cada política social constitui um fator importante a ser considerado para a compreensão e problematização da própria temática da intersetorialidade, o que não significa afirmar que a trajetória de cada setor tenha se dado de forma endógena, muito ao contrário. A constituição de cada setor se deu em grande medida a partir da relação com os demais, como processo de estabelecimento de prerrogativas, fronteiras e intersecções socioinstitucionais, enquanto dinâmica de institucionalização e desinstitucionalização de práticas e saberes (p. 233).

Observa-se que a composição de cada setor de política social na esfera do Estado é resultante das formas de organização do capital, mediada por contradições que surgem por meio da inter-relação ou desagregação de um setor com outro.

Nessa direção, Pereira (2014) ressalta que a intersetorialidade não possui definição precisa. O elemento comum que une a maioria na intenção de conceituá-lo é *superação*, no sentido da desarticulação dos diferentes *setores* que compõem um dado campo do conhecimento e ação e do tradicional isolamento de cada um deles. A noção de *setor* é ponto conservador e, por isso, ele permanece inviolado, intocável, principalmente quando se fala de políticas públicas e, dentre essas, de políticas sociais.

Isso porque, analisa Almeida,

> Historicamente as políticas públicas de cunho social assumiram um desenho socioinstitucional setorial, 'temático', ou por 'área' – a depender das distintas apropriações presentes na literatura sobre o tema –; resultado da combinação entre as estratégias fragmentadas de enfrentamento das expressões da questão social pelo Estado e o desenvolvimento de um campo institucional complexo de serviços públicos organizados em diversas dimensões da vida social (2014, p. 235).

A intersetorialidade na política social se coloca como uma estratégia resultante da reunião de vários setores que, historicamente, foram configurados por um arranjo institucional fragmentado para responder às expressões da questão social de forma segmentada. Por outro lado, a intersetorialidade mistifica o real ao tentar combinar os diversos setores para superar a fragmentação posta e enfrentar a questão social, ocultando os processos constituídos na política neoliberal.

Também porque a política social, ao passo que explicita possibilidades efetivas de reconhecimento e ampliação do conjunto de direitos e cidadania, depende de uma dinâmica de ampliação e restrição de sua garantia social e se encontra diretamente ligada pelas estratégias de desregulamentação do mercado, no qual o Estado vem exercendo importante e decisivo papel. O impacto da maneira assumida pelo Estado nas suas relações com o mercado se evidencia nas perspectivas regressivas impostas às políticas públicas e aos direitos sociais, que priorizam o desenvolvimento de ações focalistas direcionadas aos segmentos da classe trabalhadora, o que distancia a possibilidade de fortalecer a concepção de que o que é público pressupõe a universalidade (ALMEIDA, 2014).

De acordo com Pereira (2014), esse convencionalismo se torna tanto mais incomum quanto mais se sabe que os chamados "setores" das políticas sociais, como saúde, educação, previdência, assistência, fazem parte, na realidade, de uma totalidade indivisível, já que cada política contém elementos das demais e umas se completam nas outras.

Afirma Pereira, se o termo "setor" não corresponde à realidade, é lícito concluir que ele é um arranjo técnico ou burocrático criado para facilitar a gestão das demandas que surgem tanto no universo complexo da política social como no dos profissionais e nas arenas de conflitos de interesse que se processam nesses universos. E, assim, advoga que, "como arranjo técnico, não vale como critério político consequentemente, sendo incoerente tomá-lo como base definidora de políticas de ação compartilhada" (2014, p. 26).

Segundo Burlanday (2014), o desafio da intersetorialidade encontra-se no cotidiano, no âmbito institucional e na necessidade de enfrentamento da "cultura institucional" setorializada, consolidada sob a lógica neoliberal, que fragmenta o desenvolvimento das políticas sociais.

> Este formato institucional que atravessa o Sistema, as políticas e os programas nos três níveis de governo se mostra potencialmente produtor do diálogo intersetorial bem como da implementação de ações locais a partir de uma ótica integradora. O desenho intersetorial dos programas induz a aproximação de atores, especialmente no plano local, e provoca um diálogo que talvez não ocorresse

caso estes setores não fossem institucionalmente mobilizados (p. 119-120).

A intersetorialidade, ao transpor o sistema de política social e programas nas três esferas de governo, se torna um indicativo de produção de diálogos e integração entre os setores, o que induz a uma articulação e proximidade. Talvez por isso, o discurso usado no cotidiano sobre intersetorialidade na política social ora se refira como articulação, soma, síntese, unidade, rede, ora como superação da fragmentação desses "setores". Embora esses termos sejam usados na linguagem dialética como síntese, unidade e superação, seu significado na atual exposição da intersetorialidade é outro: significa integração de "setores", o que fortalece, de modo oculto, a sua permanência (PEREIRA, 2014).

2.2 Política Social de Saúde e Assistência Social na relação com o Sistema Nacional de Atendimento Socioeducativo

A proteção social a ser destacada neste estudo sobre a intersetorialidade no contexto da política social perpassa os sistemas públicos da Assistência Social e da Saúde, conectadas às particularidades dos Sistemas de Atendimento Socioeducativo, visto que "a proteção integral pressupõe políticas sociais articuladas intersetorialmente, gestão compartilhada e sistemas de políticas e serviços direcionados à população" (SILVA, 2014, p. 168).

Na perspectiva do direito e da cidadania, a Cartilha Sistema Nacional de Atendimento Socioeducativo (SINASE) disponibilizada pelo Conselho Nacional da Criança e do Adolescente em 2006 apresenta pressupostos que aproximam e integram esses dois sistemas públicos (SUS e SUAS) com o SINASE de maneira interdisciplinar e intersetorial. Tem-se que:

> O SINASE constitui-se de uma política pública destinada à inclusão do adolescente em conflito com a lei que se correlaciona e demanda iniciativas dos

diferentes campos das políticas públicas e sociais. Essa política tem interfaces com diferentes sistemas e políticas e exige atuação diferenciada que coadune responsabilização (com a necessária limitação de direitos determinada por lei e aplicada por sentença) e satisfação de direitos. Os órgãos deliberativos e gestores do SINASE são articuladores da atuação das diferentes áreas da política social. Neste papel de articulador, a incompletude institucional é um princípio fundamental norteador de todo o direito da adolescência que deve permear a prática dos programas socioeducativos e da rede de serviços. Demanda a efetiva participação dos sistemas e políticas de educação, saúde, trabalho, previdência social, assistência social, cultura, esporte, lazer, segurança pública, entre outras, para a efetivação da proteção integral. A responsabilidade pela concretização dos direitos básicos e sociais é da pasta responsável pela política setorial, conforme a distribuição de competências e atribuições de cada um dos entes federativos e de seus órgãos. Contudo, é indispensável a articulação das várias áreas para maior efetividade das ações, inclusive com a participação da sociedade civil (BRASIL, 2006a, p. 23).

Essa mesma Cartilha do CONANDA (BRASIL, 2006a), intitulada "SINASE", traz a compreensão do sistema como política pública voltada particularmente para o adolescente em cumprimento de medida socioeducativa, que demanda sua conexão com outros sistemas e políticas sociais, como educação, saúde, assistência etc. Realça a atribuição de um polo articulador que também se considera incompleto para a execução das suas atribuições, que vão ao encontro da efetivação da proteção integral ao adolescente.

Encontram-se na citação anterior palavras que dão conotação ao termo intersetorial: interface, articuladores, incompletude institucional, rede de serviços, política setorial, articulação. Por isso, cabe examinar o ponto que articula os sistemas públicos em questão (SUS e SUAS) com o SINASE.

O Sistema Único de Saúde (SUS), a partir da Lei 8.080 de setembro de 1990, após a promulgação da Constituição Federal de 1988, que desenhou a política de saúde, articula-se com o SINASE por meio do conceito de integralidade exposto nos seus princípios e diretrizes, visto que esse também compõe um sistema público de proteção social integral ao adolescente. Assim, tem-se que

> As ações e serviços públicos de saúde e os serviços privados contratados ou conveniados que integram o Sistema Único de Saúde (SUS), são desenvolvidos de acordo com as diretrizes previstas no art. 198 da Constituição Federal, obedecendo ainda aos seguintes princípios: I - universalidade de acesso aos serviços de saúde em todos os níveis de assistência; II - integralidade de assistência, entendida como conjunto articulado e contínuo das ações e serviços preventivos e curativos, individuais e coletivos, exigidos para cada caso em todos os níveis de complexidade do sistema; [...] IX - descentralização político-administrativa, com direção única em cada esfera de governo: a) ênfase na descentralização dos serviços para os municípios; b) regionalização e hierarquização da rede de serviços de saúde; X - integração em nível executivo das ações de saúde, meio ambiente e saneamento básico; XI - conjugação dos recursos financeiros, tecnológicos, materiais e humanos da União, dos Estados, do Distrito Federal e dos Municípios na prestação de serviços de assistência à saúde da população (BRASIL, Lei n.º 8.080, de 19-09-1990c, artigo 7.º).

A definição ampliada de saúde possibilitou a inter-relação dos conceitos em questão.

> A saúde é um direito fundamental do ser humano, devendo o Estado prover as condições indispensáveis ao seu pleno exercício. §1.º o dever do Estado de garantir a saúde consiste na formulação e execução de políticas econômicas e sociais que visem à redução de riscos de doenças e de outros agravos e ao estabelecimento de condições que assegurem acesso

universal e igualitário às ações e aos serviços para a sua promoção, proteção e recuperação. § 2.º o dever do Estado não exclui o das pessoas, da família, das empresas e da sociedade. (art. 2.º) [...] - a saúde tem como fatores determinantes e condicionantes, entre outros, a alimentação, a moradia, o saneamento, o meio ambiente, o trabalho, a renda, a educação, o transporte, o lazer e o acesso aos bens e serviços essenciais; os níveis de saúde da população expressam a organização social e econômica do país. [...]. Dizem respeito também à saúde as ações que, por força do disposto no disposto anterior, se destinam a garantir às pessoas e à coletividade condições de bem-estar físico, mental e social (BRASIL, Lei n.º 8.080, de 19-09-1990c, artigo 2.º).

O Ministério da Saúde também propôs as Diretrizes Nacionais para a Atenção Integral à Saúde de Adolescentes e Jovens na Promoção, Proteção e Recuperação da Saúde, na Série A – Normas e Manuais Técnicos – 2010, observando a necessidade de se estabelecerem diretrizes gerais para a atenção integral em saúde de adolescentes em conflito com a lei, que cumprem medidas socioeducativas em meio aberto; e, também, de redefinir normas, critérios e fluxos para adesão e operacionalização da Atenção Integral à Saúde de Adolescentes em situação de privação de liberdade, em unidades socioeducativas masculinas e femininas com maior especificidade (BRASIL, 2015).

A Portaria do Ministério da Saúde n.º 1.082, de 23 de maio de 2014, publicou as diretrizes da "Política Nacional de Atenção Integral à Saúde de Adolescentes em Conflito com a Lei em Regime de Internação e Internação Provisória (PNAISARI)", incluindo o cumprimento de medida socioeducativa em meio aberto e fechado, e foram estabelecidos novos critérios e fluxos para a adesão e a operacionalização da atenção integral à saúde de adolescentes em situação de privação de liberdade, em unidades de internação, de internação provisória e de semiliberdade. A partir da implementação dessas diretrizes é que se consolida a política social de saúde para o adolescente em conflito com a lei, em sua especificidade e em cada esfera de governo.

A política de saúde que instituiu a PNAISARI organizou o atendimento do adolescente na rede pública de saúde, conforme os quesitos postos pelo SINASE, em saúde mental e atenção extra-hospitalar. A Política Nacional de Atenção Integral à Saúde de Adolescentes em Conflito com a Lei em Regime de Internação e Internação Provisória tem entre seus princípios o respeito aos direitos humanos e à integridade física e mental dos adolescentes e a garantia do acesso universal e integral à Rede de Atenção à Saúde, observando-se o princípio da incompletude institucional. A Política Nacional de Atenção Integral à Saúde de Adolescentes em Conflito com a Lei em Regime de Internação e Internação Provisória (PNAISARI) estabeleceu como objetivos garantir e promover a atenção integral à saúde do adolescente internado em unidade socioeducativa; organizar os serviços de saúde dentro dos princípios do SUS e do SINASE; desenvolver ações de promoção, prevenção de agravos e doenças e recuperação de saúde. O desenvolvimento desses objetivos deve ocorrer da seguinte forma:

> I - ampliar ações e serviços de saúde para adolescentes em conflito com a lei, em especial para os privados de liberdade; II- estimular ações intersetoriais para a responsabilização conjunta das equipes de saúde e das equipes socioeducativas para o cuidado dos adolescentes em conflito com a lei; III- incentivar a articulação dos Projetos Terapêuticos Singulares elaborados pelas equipes de saúde aos Planos Individuais de Atendimento (PIA), previstos no Sistema Nacional de Atendimento Socioeducativo (Sinase), de modo a atender as complexas necessidades desta população; [...] V - garantir ações da atenção psicossocial para adolescentes em conflito com a lei; VI - priorizar ações de promoção da saúde e redução de danos provocados pelo consumo de álcool e outras drogas; e VII - promover a reinserção social dos adolescentes e, em especial, dos adolescentes com transtornos mentais e com problemas decorrentes do uso de álcool e outras drogas (BRASIL, 2014, p. 60).

Compreende-se que os objetivos da política de saúde para o adolescente em conflito com a lei em regime de internação e internação provisória respaldam a articulação intersetorial pelo desenvolvimento das ações conjuntas entre esses setores.

A mesma portaria (BRASIL, 2014), ao tratar da organização dos serviços de saúde ao adolescente em conflito com a lei contemplados nos seus artigos 8.º e 9.º, estabelece que os eixos do atendimento dar-se-ão das seguintes formas:

> 0 - promoção da saúde e prevenção de agravos; II - ações de assistência e reabilitação da saúde; e III - educação permanente. (Art. 8.º) [...] Na organização da atenção integral à saúde de adolescentes em conflito com a lei serão contemplados: I - o acompanhamento do seu crescimento e desenvolvimento físico e psicossocial; II - a saúde sexual e a saúde reprodutiva; III - a saúde bucal; IV - a saúde mental; V - a prevenção ao uso de álcool e outras drogas; VI - a prevenção e controle de agravos; VII - a educação em saúde; e VIII - os direitos humanos, a promoção da cultura de paz e a prevenção de violências e assistência às vítimas. (Art. 9.º) (BRASIL, 2014, p. 60).

Observa-se que a organização dos serviços de saúde expressa a responsabilidade do Estado nas suas esferas governamentais de gestão para garantir o acesso ao atendimento do adolescente na rede pública. Para o cumprimento do SINASE, estabelece que os serviços de atendimento serão organizados e estruturados na Rede de Atenção à Saúde.

Na rede da Atenção Básica de Saúde devem estar disponibilizados para o adolescente os seguintes atendimentos, conforme respalda o Ministério de Saúde:

> As principais ações relacionadas à promoção da saúde, ao acompanhamento do crescimento e desenvolvimento físico e psicossocial, à prevenção e ao controle de agravos; b) as ações relativas à saúde sexual e saúde reprodutiva, com foco na

> ampla garantia de direitos; c) o acompanhamento do pré-natal e a vinculação ao serviço para o parto das adolescentes gestantes, com atenção especial às peculiaridades advindas da situação de privação de liberdade, seguindo- se as diretrizes da Rede Cegonha; d) o aleitamento materno junto às adolescentes, sobretudo às adolescentes puérperas e mães em situação de privação de liberdade, seguindo-se as diretrizes da Rede Cegonha; e) os cuidados de saúde bucal; f) o desenvolvimento na Rede de Atenção Psicossocial (RAPS) de ações de promoção de saúde mental, prevenção e cuidado dos transtornos mentais, ações de redução de danos e cuidado para pessoas com necessidades decorrentes do uso de álcool e outras drogas, compartilhadas, sempre que necessário, com os demais pontos da rede; g) a articulação com a RAPS, inclusive por meio dos Núcleos de Apoio à Saúde da Família (NASF), para possibilitar avaliações psicossociais que visem à identificação de situações de sofrimento psíquico, transtornos mentais e problemas decorrentes do uso de álcool e outras drogas, para a realização de intervenções terapêuticas; e h) o desenvolvimento dos trabalhos com os determinantes sociais de saúde relacionados às vulnerabilidades pessoais e sociais desta população, além de outras ações que efetivamente sejam promotoras da saúde integral dos adolescentes em conflito com a lei (BRASIL, 2014, p. 60).

Na atenção especializada, estão disponibilizados os seguintes atendimentos:

> II - Atenção às Urgências e Emergências: a) o acesso à assistência de média e alta complexidade na rede de atenção do SUS; b) a implementação de estratégias para promoção de cuidados adequados nos componentes ambulatorial especializado e hospitalar, considerando-se as especificidades de abordagem dessa clientela e os agravos decorrentes da institucionalização; c) o acesso aos cuidados em saúde nos

> pontos de atenção da Rede de Urgência e Emergência, de modo a preservar suas especificidades; e d) acesso a Serviço Hospitalar de Referência, em caso de necessidade, para atenção aos adolescentes com sofrimento ou transtorno mental e com necessidades decorrentes do uso de álcool e outras drogas, com o oferecimento de suporte hospitalar por meio de internações de curta duração, respeitando-se as determinações da Lei n.º 10.216, de 6 de abril de 2001, e os acolhendo em regime de curta permanência. § 1.º Todos os pontos da rede de atenção à saúde devem garantir aos adolescentes em conflito com a lei, segundo suas necessidades, o acesso aos sistemas de apoio diagnóstico e terapêutico e de assistência farmacêutica (BRASIL, 2014, p. 60).

Observa-se que os conceitos de rede e matriciamento são utilizados na política de saúde, o que implica fazer interligação dos conceitos na intersetorialidade com o ECA/SINASE/SDGCA.

Em síntese, o SINASE aponta a necessidade de consolidar parcerias com as Secretarias de Saúde visando ao cumprimento dos artigos 7.º, 8.º e 61. do Sistema Nacional de Atendimento Socioeducativo (SINASE) e 9.º, 11 e 13 do ECA. Detalha que os serviços a serem assegurados ao atendimento do adolescente em conflito com a lei devem:

> Garantir a equidade de acesso à população de adolescentes que se encontra no atendimento socioeducativo, considerando suas dificuldades e vulnerabilidades, às ações e serviço de atenção à saúde da rede do Sistema Único de Saúde (SUS) que abordem temas como: autocuidado, autoestima, autoconhecimento, relações de gênero, relações étnico-raciais, cidadania, cultura de paz, relacionamentos sociais, uso de álcool e outras drogas, prevenção das violências, esportes, alimentação, trabalho, educação, projeto de vida, desenvolvimento de habilidades sociais e ações de assistência à saúde, em especial o acompanhamento do desenvolvimento físico e psicossocial, saúde sexual, saúde reprodutiva, pre-

venção e tratamento de DST e Aids, imunização, saúde bucal, saúde mental, controle de agravos, assistência a vítimas de violência; oferecer grupos de promoção de saúde incluindo temas relacionados à sexualidade e direitos sexuais, prevenção de DST/Aids, uso de álcool e outras drogas, orientando o adolescente, encaminhando-o e apoiando-o, sempre que necessário, para o serviço básico de atenção à saúde; buscar articulação e parcerias com a Secretaria de Saúde do Município a fim de receber apoio e desenvolver programas especiais que considerem as peculiaridades, vulnerabilidades e necessidades dos adolescentes; assegurar ao adolescente que esteja no atendimento socioeducativo o direito de atenção à saúde de qualidade na rede pública (SUS), de acordo com suas demandas específicas; garantir o acesso e tratamento de qualidade a pessoa com transtornos mentais, preferencialmente, na rede pública extra- hospitalar de atenção à saúde mental, isto é, nos ambulatórios de saúde mental, nos Centros de Atenção Psicossocial, nos Centros de Convivência ou em outros equipamentos abertos da rede de atenção à saúde, conforme a Lei n.º 10.216 de 06/04/2001 (BRASIL, 2006b, p. 61).

Os compromissos na implantação da política de saúde em relação ao SINASE reafirmam a intersetorialidade por meio da combinação de uma rede de serviços que deve se articular para assegurar o acesso do adolescente aos seus direitos.

Cabe assinalar que a partir do impeachment da presidente Dilma Roussef em 2016, os governos conservadores e ultraneoliberais de Michel Temer (2016-2018) e Jair Bolsonaro (2019-2022), ocorreram muitas discussões em torno da redução da menor idade penal e retrocessos nas políticas sociais para o adolescente em conflito com a lei, inclusive no SUS. Registra-se que a portaria que tratava da especificidade da Rede de Atenção à Saúde do adolescente em conflito com a lei, dando-lhe uma maior ênfase a esse público, foi revogada. Com isso, a Política Nacional de Atenção Integral à Saúde de Adolescentes em Conflito com a Lei, em Regime de Internação e

Internação Provisória (Origem: PRT MS/GM 1082/2014), passou a vigorar por meio da Portaria consolidada de n.º 2 de setembro de 2017 anexo XVII. Essa portaria foi conjugada com outras dos segmentos do SUS. E apesar de essa nova portaria ter mantido o conteúdo originário tais fatores demonstram as intenções e tendências de política/governos ditos mais conservadores em minimizar, invisibilizar e nem tanto priorizar a atenção desse adolescente no SUS.

Tratando da interligação das políticas de Assistência Social com SDGCA/ECA/SINASE, Yazbek (2004) assinala que, com a promulgação da Constituição Federal de 1988, iniciou-se a estruturação de uma nova concepção para a Assistência Social, que recusou seu passado assistencialista. Inserida no âmbito da seguridade, a assistência social foi regulamentada pela Lei Orgânica da Assistência Social (LOAS), de dezembro de 2003, posteriormente efetivada como um Sistema Único de Assistência Social (SUAS), Lei 12.435, de julho de 2011, como política social de direito e responsabilidade estatal.

Marcada pela perspectiva de direitos, definiu-se a

> LOAS que as provisões assistenciais sejam [fossem] prioritariamente pensadas no âmbito das garantias de cidadania sob a vigilância do Estado, cabendo a este a universalização da cobertura e a garantia de direitos e de acesso para esses serviços, programas e projetos de sua responsabilidade (YASBEK, 2004, p. 13).

Evidencia que a LOAS, como lei, traz inovações à sua organização, ao indicar a necessidade de integração entre o econômico e o social, apresentando um novo desenho institucional.

Nascimento (2010) aponta que, a partir de 2003, a assistência social no Brasil passou a ser estruturada administrativamente, regida pelo Sistema Único de Assistência Social (SUAS), pelas normas operacionais básicas (NOB-RH) e pela Constituição Federal de 1988, tendo a proposta de pacto federativo de descentralização como proposta de gestão para enfrentar a questão social. Assim, passou a se configurar como política de Estado.

Preconiza a LOAS que:

> A organização da assistência social tem como base as seguintes diretrizes: I - descentralização político-administrativa para os Estados, o Distrito Federal e os Municípios, e comando único das ações em cada esfera de governo; II - participação da população, por meio de organizações representativas, na formulação das políticas e no controle das ações em todos os níveis; III - primazia da responsabilidade do Estado na condução da política de assistência social em cada esfera de governo (art. 5.º) (BRASIL, 1993).

E, como política de Estado, "passa a ser um espaço para a defesa e atenção dos interesses e necessidades sociais dos segmentos mais empobrecidos da sociedade" (YAZBEK, 2004, p. 14). Encontram-se também denominações da Assistência Social como conjunto de garantias ou segurança em Sposati citado por Yazbek (2004, p. 14) ou "rede de segurança" em Misha (*apud* YAZBEK, 2004, p. 14).

Em termos das definições e dos objetivos, "a Assistência social, direito do cidadão e dever do Estado, é política de Seguridade Social não contributiva, que provê os mínimos sociais, realizadas através de um conjunto integrado de ações de iniciativa pública e da sociedade, para garantir o atendimento às necessidades básicas" (BRASIL, 1993).

Nesse contexto, a política de Assistência Social assume uma característica de heterogeneidade, cuja implementação, para se constituir nessa rede de segurança, não pode ser dimensionada de forma isolada, mas sempre se deve compor em relação com outras políticas (YAZBEK, 2004).

Nessa direção, Nascimento (2004, p. 109) confirma que "a intersetorialidade passa a ser alvo das discussões no processo de implantação da política de assistência social, muitas das vezes expressas por meio de palavras que têm sentido similar, como por exemplo, a interface – conexão".

A Norma Operacional Básica do Sistema Único da Assistência Social – NOB/SUAS – aponta que se tem nos "serviços de proteção social uma estreita interface como sistema de garantia de direitos, exigindo, muitas vezes, uma gestão mais complexa e compartilhada" (BRASIL, 2005, p. 37). Pode-se evidenciar que o ponto de conexão do SUAS com o SINASE/ECA/SDGCA encontra-se inicialmente nas definições e objetivos da política da Assistência Social:

> A assistência social tem por objetivos: I - a proteção à família, à maternidade, à infância, à adolescência e à velhice; II - o amparo às crianças e adolescentes carentes; III - a promoção da integração ao mercado de trabalho; IV - a habilitação e reabilitação das pessoas portadoras de deficiência e a promoção de sua integração à vida comunitária; Parágrafo único. A assistência social realiza-se de forma integrada às políticas setoriais, visando ao enfrentamento da pobreza, à garantia dos mínimos sociais, ao provimento de condições para atender contingências sociais e à universalização dos direitos sociais (BRASIL, 1993, art. 2.º).

Observa-se que as articulações dessas políticas perpassam a necessidade de proteção e amparo à infância. Um segundo aspecto encontra-se na estreita relação da estruturação dos serviços, que o então Ministério do Desenvolvimento Social e Combate à Fome (MDS), por meio da Norma Operacional Básica do Sistema Único da Assistência Social – NOB/SUAS –, aprovada pela Resolução n.º 130, de 15 de julho de 2005, instituiu como se segue:

> A proteção social de Assistência Social é hierarquizada em básica e especial e, ainda, tem níveis de complexidade do processo de proteção, por decorrência do impacto de riscos no indivíduo e em sua família. A rede socioassistencial, com base no território, constitui um dos caminhos para superar a fragmentação na prática dessa política, o que supõe constituir ou redirecionar essa rede, na perspectiva de sua diversidade, complexidade, cobertura, financiamento e do número potencial de usuários que dela possam necessitar (BRASIL, 2005, p. 18).

Nesse sentido, por meio da Norma Operacional Básica do Sistema Único da Assistência Social – NOB/SUAS –, aprovada pela Resolução n.º 130, de 15 de julho de 2005, também estabeleceu que:

A proteção social especial é modalidade de atendimento assistencial destinada a famílias e indivíduos que se encontram em situação de risco pessoal e social, por ocorrência de abandono, maus tratos físicos e ou, psíquicos, abuso sexual, uso de substâncias psicoativas, cumprimento de medidas sócio-educativas, situação de rua, situação de trabalho infantil, entre outras (BRASIL, 2005, p. 37).

A Política de Assistência Social, depois de hierarquizada e organizada por níveis de gestão, organiza-se por meio da proteção social especial, que se divide em proteção de média e alta complexidade, que ora disponibiliza os atendimentos por meio de equipamento do Centro de Referência Especializado de Assistência Social, ora desenvolve medidas socioeducativas de meio aberto e de proteção social de alta complexidade.

É na proteção de alta complexidade que institui a garantia da proteção integral para indivíduos e famílias que se encontram em situação de ameaça e com necessidade de ausentar-se do convívio familiar, estabelecendo o atendimento integral por meio de acolhimento institucional.

Em referência ao programa de atendimento para o adolescente em conflito com a lei, tanto o SUAS (BRASIL, 2005, p. 38) como o SINASE (2006a, p. 67) preveem o cumprimento de medida socioeducativa restritiva e privativa de liberdade de modo institucionalizado e têm por base a proteção social especial de alta complexidade. Identifica-se que apenas no SINASE encontra-se o detalhamento dos parâmetros arquitetônicos dessas instituições que atendem os adolescentes,

> Edificar as Unidades de atendimento socioeducativo separadamente daqueles destinados para adultos do sistema prisional, ficando vedada qualquer possibilidade de construção em espaço contíguos ou de qualquer forma integrada a estes equipamentos; utilizar, na cobertura, material adequado de acordo com as peculiaridades de cada região, prevendo a conveniente ventilação e proteção, adotando esque-

mas técnicos especiais que atendam às condições climáticas regionais, (BRASIL, 2006a, p. 67).

Os serviços da Política de Assistência Social em seus níveis de gestão da proteção social estão detalhados nos documentos: *Tipificação dos Serviços Sociais Assistenciais* (BRASIL, 2011) e *Caderno de Orientação Técnica* (BRASIL, 2011). Essas cartilhas definem que os Serviços de Acolhimento Institucional são integrantes do Sistema Único de Assistência Social, constituem-se numa unidade pública estatal, polo de referência coordenador e articulador da proteção social especializada de alta complexidade.

O *Caderno de Orientação Técnica* (BRASIL, 2011a) e a *Tipificação dos Serviços Sociais Assistenciais* (BRASIL, 2011b) não contêm esclarecimentos sobre a especificidade e a particularidade das Unidades Socioeducativas, deixando mais a cargo do Sistema de Garantia de Direitos e do SINASE propor maior ênfase e direcionamento aos serviços, à estrutura física e aos recursos humanos.

De acordo com a *Tipificação dos Serviços Sociais Assistenciais*, os programas de proteção social de alta complexidade têm como objetivos contribuir para a reconstrução dos vínculos familiares e comunitários, fortalecer os potenciais, a função protetiva dos sujeitos sociais implicados, visando a que estes protagonizem o enfrentamento de situações de fragilização ou ruptura da convivência familiar e comunitária, vulnerabilidade social, por violação de direitos advinda das diversas situações de violência.

Esses serviços se organizam por meio do acolhimento em diferentes tipos de equipamentos destinados a famílias e/ou indivíduos com vínculos familiares rompidos ou fragilizados, a fim de garantir proteção integral.

A estruturação do serviço deve garantir privacidade, respeito aos costumes, às tradições e à diversidade de ciclos de vida, arranjos familiares, raça/etnia, religião, gênero e orientação sexual. O atendimento prestado deve ser personalizado e em pequenos grupos e favorecer o convívio familiar. Para crianças e adolescentes de ambos os sexos, o acolhimento é provisório e excepcional, inclusive para crianças e adolescentes com deficiência sob medida de proteção (Art. 98 do Estatuto da Criança e do Adolescente) e em situação de risco pessoal e social, cujas famílias ou responsáveis se encontrem temporariamente impossibilitados de cumprir sua função de cuidado e proteção. As unidades não devem distanciar-se excessivamente, do ponto de vista geográfico e socioeconômico, da comunidade de origem das crianças e adolescentes atendidos (BRASIL, 2011).

Nessa mesma linha, a operacionalização dos serviços da alta complexidade se realiza por meio de técnicas, visando ao atendimento e ao acompanhamento especializado, cujas ações envolvem: acolhida/recepção; escuta; desenvolvimento de convívio familiar, grupal e social; estudo social; apoio à família na sua função protetiva; cuidados pessoais; orientação e encaminhamentos sobre/para a rede de serviços locais com resolutividade; construção de plano individual e/ou familiar de atendimento; orientação sociofamiliar; protocolos; acompanhamento e monitoramento dos encaminhamentos realizados; referência e contrarreferência; elaboração de relatórios e/ou prontuários; trabalho interdisciplinar; diagnóstico socioeconômico; informação, comunicação e defesa de direitos; orientação para acesso a documentação pessoal; atividades de convívio e de organização da vida cotidiana; inserção em projetos/programas de capacitação e preparação para o trabalho; estímulo ao convívio familiar, grupal e social; mobilização, identificação da família extensa ou ampliada; mobilização para o exercício da cidadania; articulação da rede de serviços socioassistenciais; articulação com os serviços de outras políticas públicas setoriais e de defesa de direitos; articulação interinstitucional com os demais órgãos do Sistema de Garantia de Direitos; monitoramento e avaliação do serviço; organização de banco de dados e informações sobre o serviço, sobre organizações governamentais e não governamentais e sobre o Sistema de Garantia de Direitos (BRASIL, 2011).

Cabe observar que a intersetorialidade da política de assistência social em relação com o SINASE tem como princípio e diretriz a defesa da proteção social integral.

As mediações das políticas sociais de assistência social e saúde e a questão da interdisciplinaridade e intersetorialidade na relação com o SINASE apontam concepções similares de rede, articulação, direitos, proteção e integração de políticas sociais.

Sabe-se que essas duas políticas sociais são distintas, sendo a saúde um direito com dimensão de universalidade e a assistência social para quem dela necessitar. No contexto do SINASE, elas assumem atribuições importantes, como a garantia dos direitos da criança e do adolescente, objetivando, na sua especificidade, estabelecer um diálogo intersetorial e interdisciplinar.

Nota-se que é no contexto exposto que as políticas de assistência social e de saúde assumem particularidade e especificidade, se desdobram e convergem para a articulação de direitos e organização de uma rede de serviços junto ao SINASE/SGDCA (e vice-versa), envolvendo a relação federativa em busca do atendimento das necessidades ligadas à infância e à adolescência e, em especial, na perspectiva de efetivação dos direitos e da proteção social por meio da garantia dos direitos humanos.

Nesse entendimento, sintetiza-se que a intersetorialidade na política social de assistência social e saúde em relação ao SINASE transforma-se em condutora de diálogo entre as políticas sociais que, estrategicamente, buscam a integração de vários setores como resposta à garantia dos direitos da criança e do adolescente frente às expressões da questão social. Todavia, traz a contradição de não desvelar os processos de fragmentação, de setorialização e de focalização da política social, historicamente constituídos na organização do direito no Estado burguês, em especial no contexto de neoliberalização em escala mundial.

2.3 Contradições e concepções da Política da criança e do adolescente no Brasil: a articulação com o ECA, o SGDCA e o SINASE

A análise dos contextos em que emerge uma concepção histórica de infância e adolescência no Brasil destaca a promulgação do ECA como marco decisivo. Este estudo analisa as contradições e desafios que permeiam a implementação e articulação do SINASE com os Sistemas de Garantia de Direitos e o ECA, numa concepção de que a criança e o adolescente gozam de todos os direitos fundamentais inerentes à pessoa humana, a fim de lhes facultar o desenvolvimento físico, mental, moral, espiritual e social, em condições de liberdade e de dignidade.

Segundo Rizzini (2000; 2008; 2011) e Silva (2005) esse contexto se deve a trajetória histórica da infância e adolescência ser marcada pela moralização, criminalização, repressão, exclusão social, pobreza e abandono, por isso, não tem permitido às crianças e aos adolescentes usufruírem efetivamente de todos os direitos que lhes são garantidos, sendo vinculados ainda com a preocupação da sociedade em banir a delinquência e formar cidadão de bem, mantendo assim a retórica da ética capitalista do trabalho e a contínua segregação da classe social.

Ao trazer essa discussão do campo da criança e sua infância, na perspectiva marxista, destaca Reis (2016) que os estudos sobre as diferentes "infâncias" brasileiras não abrangem as especificidades das infâncias ricas ou pobres, e na ordem argumentativa do discurso não se modificam. Entretanto, realça suas inflexões sobre a categoria analítica do conceito de classe social pelo marxismo, buscando demonstrar a diferença que tem uma infância vivida entre uma criança rica e pobre; bem como o "lugar social" e a condição social que esta ocupa no sistema capitalista. Nessa perspectiva, dar visibilidade às desigualdades sociais e materiais que esses grupos sociais/ classe social enfrentam no quotidiano, por estarem numa situação de pobreza e apartados devido aos fatores econômicos frente à relação de produção. Assevera que são as especificidades das condições de vida das crianças em contexto de pobreza que as expõem a uma vasta experiência de infâncias, e refletem no conjunto dos bens sociais, dos quais as crianças pobres podem ou não ter acesso e usufruir.

    De acordo com Rizzini (2008) a questão da infância sempre foi descrita como um problema "gravíssimo" e relacionada à pobreza, porém nunca tratada com uma proposta séria e politicamente factível. Aponta que a preocupação sempre foi refletida como o futuro do país e com as relações de produção. Apostando-se na infância como estratégia para se libertar do atraso e da barbárie, com propostas e ações de proteção vinculadas "à consciência de que na infância estava o futuro". Ou seja: materializado numa concepção futurista da infância, o país buscou soluções para salvar a infância pobre (*Savethe Children*), apontando a educação e o trabalho como possibilidade e destacando a preocupação com a delinquência, colocando em cena a perspectiva jurista e a necessidade de inserir a infância como elemento do projeto societário de civilização do país.

    Segundo Rizzini (2011), as políticas de atendimento direcionadas à infância no Brasil sempre estiveram marcadas pelo controle da infância pobre ou população pobre, vista como "perigosa". A lógica organizativa da área da infância posta pelo Estado baseava-se pelo enclausuramento e tutela de "menores" em *instituições totais*, estando a questão da delinquência sempre relacionada à pobreza como algo natural e moral da sociedade. Geralmente ocorria que as instituições possuíam poucas condições adequadas para assegurar o pleno desenvolvimentismo e os direitos de crianças e adolescentes, conforme corrobora Silva (2005).

    Nesse viés, observa-se que as primeiras tentativas de implantação da política de criança e adolescência no Brasil ocorreram/iniciaram-se na década de 1920, estavam arraigadas na filantropia e no assistencialismo, quando o trato com a marginalidade ocorria por meio da internação, e nesses moldes a criança não era vista como sujeito de direitos, mas alvo de repressão e controle. Assim, os filhos das classes baixas eram rotulados como "menores" e, por isso, também eram cuidados separadamente do convívio da sociedade.

A segunda fase correspondeu ao período entre 1920 e 1980, caracterizava-se pela ampliação do aparato jurídico e institucional com a criação das casas de internação, como a Fundação de Amparo ao Menor (FUNABEM), Código do Menor e Serviço de Atendimento ao Menor (SAM). Desse modo, era obrigação do Estado o atendimento à infância abandonada, para que, no futuro, tais crianças não se tornassem "delinquentes".

O pânico moral era a delinquência dos jovens e as violências urbanas. Tal cenário influenciou o Estado brasileiro na construção de políticas públicas da infância e na redefinição duradoura das características da sociedade. Contudo, a redefinição da missão do Estado se direcionou para a sua retirada da arena econômica e para a redução de seu papel social em prol da elevação do investimento na segurança. Nesses termos, implantaram programas paternalistas ao fornecer benefícios de prestações sociais como direitos aos desfavorecidos. Assim, o Estado passa a funcionar no duplo plano: o penal e o social. E, ao se configurar no plano social, acaba funcionando como penal por se exercer como instrumento de vigilância e disciplina, quando destinado principalmente ao setor da justiça e da assistencialização, segundo Loic Wacquant (2000).

O tratamento oferecido à criança e ao adolescente em nosso país esteve sempre acompanhado ou da caridade ou da repressão; ora com as crianças e os adolescentes reconhecidos como "coitadinhos" frente ao assistencialismo, ora atribuídos ou rotulados como "perigosos" ou "delinquentes". Assim, há uma moralização coercitiva do público infantojuvenil no interior da qual geralmente as crianças e os jovens são punidos e dificilmente reconhecidos como sujeitos de direitos. Desse modo, observa-se que

> [...] o assistencial e o penal sempre caminharam juntos no desenvolvimento do Direito de Menores, visto que o 'menor' e sua família sempre foram culpabilizados pelos percalços de uma vida sem direitos e oportunidades igualitárias para toda a sociedade (SILVA, 2005, p. 18).

A terceira fase, segundo Silva (2005), se relaciona às décadas de 1980-1990, período da redemocratização, em que diferentes grupos se organizaram em torno da defesa da criança e do adolescente na luta pelos direitos humanos desse segmento, visto que as concepções de infância que continuaram sendo arraigadas com as concepções de infância postam pelo código de menores que os tratava de forma estigmatizante e excludente. Com isso, foram surgindo gradativamente as mobilizações da sociedade civil que propiciou a criação do ECA.

Nesse momento, sabe-se que historicamente a esfera da proteção social no Brasil foi gradativamente implantada após a promulgação da Constituição Federal de 1988, frente a várias pressões dos movimentos sociais para o Estado assegurar seu papel de regulador. Essa implantação correu em torno tanto das políticas de saúde, assistência social e previdência, como das políticas na área da infância e da adolescência. Sinalizando a proteção social integral posta por esses sistemas públicos para a criança e o adolescente, a Constituição Federal assegura que:

> É dever da família, da sociedade e do Estado assegurar à criança, ao adolescente e ao jovem, com absoluta prioridade, o direito à vida, à saúde, à alimentação, à educação, ao lazer, à profissionalização, à cultura, à dignidade, ao respeito, à liberdade e à convivência familiar e comunitária, além de colocá-los a salvo de toda forma de negligência, discriminação, exploração, violência, crueldade e opressão (BRASIL, 2010).

De acordo com Costa (2004, p. 12), o artigo 227 da Constituição Federal expressa o emprego da Doutrina da Proteção Integral como Direito, ao determinar e requerer um conjunto articulado de ações por parte do Estado e da sociedade. Assim, sintetiza que o atendimento da criança e do adolescente em termos da Doutrina da Proteção Integral, conforme a Organização das Nações Unidas (ONU), envolve:

Políticas Sociais Básicas, direitos de todos e deveres do Estado, como educação e saúde; 2. Políticas de Assistência Social, para quem se encontra em estado de necessidade temporária ou permanente, como os programas de renda familiar mínima; 3. Políticas de Proteção Especial, como os programas de abrigo para as pessoas cuja integridade física, psicológica e moral se encontram violada ou ameaçada de violação; 4. Políticas de Garantia de Direitos, para quem precisa pôr para funcionar em seu favor as conquistas do estado democrático de direito, como uma ação do Ministério Público ou de um centro de defesa de direitos (COSTA, 2004, p. 12-13).

A literatura expressa o consenso dos diversos autores de que a promulgação da Constituição Federal de 1988 no Brasil foi o marco legal de avanços para a implantação dos direitos sociais. A partir da sua promulgação desdobram-se a implantação e as regulamentações que viabilizam sistemas públicos, a exemplo do SUS e do SUAS, e estratégias de garantia de direitos como ECA e o SINASE.

No Brasil, também surgiram vários projetos de lei e "leis de assistência e proteção aos menores" (RIZINNI, 2008, p. 133), que, posteriormente, culminaram na promulgação do Estatuto da Criança e do Adolescente, após a Constituição Federal, que reforça uma concepção de adolescente como sujeito de direitos.

A promulgação da Lei Federal 8.069/90, Estatuto da Criança e do Adolescente (ECA), no Brasil traduziu os avanços internacionais no campo da promoção e defesa dos direitos humanos da população infantojuvenil. De modo que, para a compreensão da política de atendimento socioeducativo proposta no SINASE, é necessário compreendermos inicialmente a sua estruturação no ECA. Também possuem princípios estruturantes a municipalização e a participação da sociedade organizada na formulação da política e no controle das ações.

Segundo Costa (2006), não se pode falar em regimes de atendimento fora do contexto maior da política de atendimento proposta no ECA. O autor considera que o ECA se encontra estruturado em dois grandes livros: o Livro I (Parte Geral) e o Livro II (Parte Especial), que trata das normas gerais. Ambos se correlacionam com o Art. 204 da Constituição Federal e regem a política de atendimento aos direitos da criança e do adolescente, violados ou ameaçados de violação em seus direitos.

Para a análise do que estabelece o ECA, interessa identificar o Livro II, Título III – Da Prática de Ato Infracional –, que, por meio dos seus artigos 112 a 125, prevê as medidas socioeducativas atribuídas a quem pratica atos infracionais, elencadas em advertência, obrigação de reparar o dano, prestação de serviço à comunidade, liberdade assistida, semiliberdade e internação. Interessa ainda o item sobre a Política de Atendimento, no qual, além de se considerarem as políticas sociais básicas, como Saúde, Educação, Assistência Social, se consideram também as políticas que englobam a proteção especial e de garantia de direitos, como já explicitado por Costa (2004) e pela Lei n.º 8.080, de 19-09-1990c.

O Art. 3.º da Resolução n.º 113 do Conselho Nacional dos Direitos da Criança e do Adolescente (CONANDA) dispõe que:

> A garantia dos direitos de crianças e adolescentes se fará através das seguintes linhas estratégicas: I - efetivação dos instrumentos normativos próprios, especialmente da Constituição Federal, da Convenção sobre os Direitos da Criança e do Estatuto da Criança e do Adolescente; II - implementação e fortalecimento das instâncias públicas responsáveis por esse fim; e III - Facilitação do acesso aos mecanismos de garantia de direitos, definidos em lei (BRASIL, 2006a).

A interface do ECA com as políticas da proteção social especial e de garantia de direitos exigiu a instituição do Sistema de Garantia de Direitos por meio da Resolução n.º 113, de 19 de abril de 2006, aprovada pelo Conselho Nacional de Direitos da Criança e do Adolescente (CONANDA), que assim dispõe:

> Art. 1.º O Sistema de Garantia dos Direitos da Criança e do Adolescente constitui-se articulado e integrado às instâncias públicas governamentais e da sociedade civil, na aplicação de instrumentos normativos e no funcionamento dos mecanismos de promoção, defesa e controle para a efetivação dos direitos humanos da criança e do adolescente, nos níveis Federal, Estadual, Distrital e Municipal. ß 1.º Esse Sistema articular-se-á com todos os sistemas nacionais de operacionalização de políticas públicas, especialmente nas áreas da saúde, educação, assistência social, trabalho, segurança pública, planejamento, orçamentária, relações exteriores e promoção da igualdade e valorização da diversidade (BRASIL, 2006a).

Com base no exposto, observa-se que o Sistema de Garantia de Direitos, ao promulgar a Resolução n.º 113, de abril de 2006, criou parâmetros para sua institucionalização, organização e fortalecimento por meio de articulação intersetorial. Assim, o sistema passou a abranger um conjunto global de políticas públicas e instituições jurídicas e sociais voltadas para o atendimento e para o acesso do adolescente aos seus direitos.

As competências do Sistema de Garantia de Direitos da Criança do Adolescente enfatizam a proteção e os direitos correlacionados a uma perspectiva de interdisciplinaridade e de intersetorialidade. Dispõe o seu artigo 2.º que:

> Compete ao Sistema de Garantia dos Direitos da Criança e do Adolescente promover, defender e controlar a efetivação dos direitos civis, políticos, econômicos, sociais, culturais, coletivos e difusos, em sua integralidade, em favor de todas as crianças e adolescentes, de modo que sejam reconhecidos e respeitados como sujeitos de direitos e pessoas em condição peculiar de desenvolvimento; colocando--os a salvo de ameaças e violações a quaisquer de seus direitos, além de garantir a apuração e reparação dessas ameaças e violações, § 1.º O Sistema procurará enfrentar os atuais níveis de desigualdades e

> iniquidades, que se manifestam nas discriminações, explorações e violências, baseadas em razões de classe social, gênero, raça/etnia, orientação sexual, deficiência e localidade geográfica, que dificultam significativamente a realização plena dos direitos humanos de crianças e adolescentes, consagrados nos instrumentos normativos nacionais e internacionais, próprios. § 2.º Este Sistema fomentará a integração do princípio do interesse superior da criança e do adolescente nos processos de elaboração e execução de atos legislativos, políticas, programas e ações públicas, bem como nas decisões judiciais e administrativas que afetem crianças e adolescentes (BRASIL, 2006a, p. 2).

Observa-se que os conceitos de integração e integralidade dão conotações sinônimas ao conceito de *intersetorialidade*. Outro aspecto da Resolução do CONANDA n.º 113 a ser observado, que evidencia o caráter interdisciplinar e intersetorial da política social da criança e do adolescente, e traz uma perspectiva global de sua articulação com os sistemas públicos de política social, a partir do ECA, é a instituição do seu Capítulo II – Dos "Instrumentos Normativos de Garantia do Direito da Criança e do Adolescente" –, em que se assegura, em seu artigo 4.º, que se consideram:

> Instrumentos normativos de promoção, defesa e controle da efetivação dos direitos humanos da criança e do adolescente, para os efeitos desta Resolução: I - Constituição Federal, com destaque para os artigos, 5.º, 6.º, 7.º, 24 - XV, 226, 204, 227 e 228; II - Tratados internacionais e interamericanos, referentes à promoção e proteção de direitos humanos, ratificados pelo Brasil, enquanto normas constitucionais, nos termos da Emenda n.º 45 da Constituição Federal, com especial atenção para a Convenção sobre os Direitos da Criança e do Adolescente; III - Normas internacionais não--convencionais, aprovadas como Resoluções da Assembleia Geral das Nações Unidas, a respeito da matéria; IV - Lei Federal n.º 8.069 (Estatuto da

Criança e do Adolescente), de 13 de julho de 1990; V - Leis federais, estaduais e municipais de proteção da infância e da adolescência; VI - Leis orgânicas referentes a determinadas políticas sociais, especialmente as da assistência social, da educação e da saúde; IX - Resoluções e outros atos normativos dos conselhos dos direitos da criança e do adolescente, nos três níveis de governo, que estabeleçam principalmente parâmetros, como normas operacionais básicas, para regular o funcionamento do Sistema e para especificamente formular a política de promoção dos direitos humanos da criança e do adolescente, controlando as ações públicas decorrentes; X - Resoluções e outros atos normativos dos conselhos setoriais nos três níveis de governo, que estabeleçam principalmente parâmetros, como normas operacionais básicas, para regular o funcionamento dos seus respectivos sistemas (BRASIL, 2006a, p. 4).

Observa-se que, ao mencionar toda a legislação constitucional e infraconstitucional, o Sistema de Garantia de Direito da Criança e do adolescente (SGDCA) evidencia a construção de uma rede de políticas sociais visando a proteção, defesa, promoção da criança e do adolescente, sendo competência dos diversos setores se intercomunicarem e cooperarem no processo de execução das políticas.

Para a distribuição das competências em cada órgão, o Sistema de Garantia de Direitos da Criança e do Adolescente (SGDCA) se estrutura por meio de eixos temáticos descritos no Capítulo III da Resolução do Conanda n.º 113, de abril de 2006, quando trata das "Instâncias Públicas de Garantia dos Direitos Humanos da Criança e do Adolescente", definindo, em seu artigo 5.º, que:

> Os órgãos públicos e as organizações da sociedade civil, que integram esse Sistema, deverão exercer suas funções em rede, a partir de três eixos estratégicos de ação: I - defesa dos direitos humanos; II - promoção dos direitos humanos; e III - controle da efetivação dos direitos humanos. Parágrafo único. Os órgãos públicos e as organizações da sociedade

civil que integram o Sistema podem exercer funções em mais de um eixo (BRASIL, 2006a, p. 3).

Com base na Resolução supracitada, observa-se que, ao eixo da *defesa*, encontram-se ligados os órgãos judiciais, incluindo a promotoria e juizado da infância e juventude; o eixo da *promoção de direitos* se volta para o atendimento das necessidades básicas por meio da inserção em políticas sociais de atendimento básico ao mais alto nível de complexidade; e o eixo *controle* se volta para a ação dos conselhos, que também envolvem a participação da comunidade como uma rede.

Nesse contexto, observa-se que o direito à infância sempre é posto numa concepção do aparato jurídico do Estado capitalista, sendo tomado no sentido positivo. Isso, por um lado, torna-se uma forte inspiração para os movimentos políticos de lutas contra as desigualdades e injustiças sociais em prol da busca por mudanças sociais e da garantia dos direitos fundamentais de crianças e adolescentes, fazendo assim surgir todo o arcabouço legal para a infância. Mas, por outro lado, o problema posto é a existência de um grande quantitativo de conceitos de justiça que podem ser invocados. Isso demonstra uma ofuscação de determinados processos sociais dominantes que se promovem e apoiam nessas concepções de justiça e de direito. Refutar esses direitos nas suas particularidades e singularidades é também contestar os processos sociais que lhes são inerentes. Ao contrário torna-se difícil separar a sociedade de alguns processos dominantes sem ao menos modificar uma concepção de justiça social e de direito para outra concepção. A questão é que as classificações idealistas de direito e de justiça são ocultadas nessa relação, conforme aponta Harvey (2014).

Desse modo, apreende-se os fatores orientados para o enfrentamento dos resultados da trajetória de uma política conservadora, de obstaculização de direitos, mas que se propugna voltada para as necessidades infantojuvenis, e contradita processo de trabalho interdisciplinar e intersetorial.

3

O SINASE COMO ESTRATÉGIA DE ARTICULAÇÃO INTERDISCIPLINAR E INTERSETORIAL DE DIREITOS SOCIAIS

O Sistema Nacional de Atendimento Socioeducativo (SINASE), programa instituído e vinculado ao Sistema de Garantia de Direitos da Criança e do Adolescente do ECA, foi examinado tendo como referência as implicações e as contribuições da intersetorialidade no processo de intervenção nas situações de violência que envolvem o segmento infantojuvenil em privação de liberdade.

O SINASE impõe a responsabilização, a reprovação sociojurídica do adolescente perante a prática do ato infracional e prevê que o enfrentamento das situações de violência envolvendo adolescentes autores de atos infracionais deve ser desenvolvido por ações socioeducativas sustentadas nos princípios dos direitos humanos, que estrategicamente já se configuram numa relação de articulação intersetorial e interdisciplinar. Determina que a execução e a gestão da medida socioeducativa devem estar assentadas em estratégias e desenvolvimento de competências conjuntas com toda a rede intersetorial.

Afirma Sposati (*apud* NASCIMENTO, 2010) que

> A interface, intersetorialidade, articulação entre políticas passa então a ser um tema importante [...], já que as políticas setoriais por si só não solucionam tudo e necessitam se comunicar para identificar as necessidades da população e os benefícios que podem ou não oferecer (p. 99-100).

Assim, a implantação desse sistema socioeducativo justifica-se pela necessidade de efetivação do princípio da proteção integral, que, perante o ECA, assegura a absoluta prioridade na implantação da política social para a criança e o adolescente na sociedade brasileira. Prevê-se que o ECA e o SINASE reforcem a importância de se criarem condições factíveis para que o adolescente em conflito com a lei, ao submeter-se a situações de violência, possa ser assistido por um arcabouço de políticas sociais, tais como a assistência social, a saúde, a previdência, a educação e outras, por priorizá-lo como sujeito em condição peculiar de desenvolvimento físico, psíquico e social. O efetivo acesso ao conjunto de seus direitos de forma qualitativa possibilitará ao público infantojuvenil uma perspectiva para a transformação da realidade social.

O SINASE, ao ser definido no sistema de garantia de direitos da criança e do adolescente com a função de articulador de política social em diferentes campos, corrobora a necessidade de amplo atendimento ao adolescente, considerando a incompletude institucional que atravessa a execução e/ou gestão do programa socioeducativo e a necessidade de articulação de redes e profissões.

O SINASE como uma estratégia particular de articulação intersetorial e interdisciplinar de direitos previstos no SUS e SUAS para o atendimento de adolescentes privados de liberdade é considerado como lócus de concentração e articulação de políticas sociais e saberes profissionais no âmbito do SINASE/ECA/SGDCA.

Com isso, estabelece no Título I, Capítulo I – Disposição Gerais –, a determinação que o adolescente autor do ato infracional repare o dano numa perspectiva inclusiva, integrativa e educativa; no Capítulo II – as Competências –, contendo: definições sobre as diferentes responsabilidades (gestão e orçamento) das esferas governamentais ora firmados por meio do pacto interfederativo; no Capítulo III – os Planos e Atendimento –, contendo a determinação de que a gestão Estadual, municipal e distrital deve elaborar seus planos de execução das medidas socioeducativa seguindo as diretrizes do âmbito nacional e o plano dever estar em consonância com as diversas políticas da Rede Intersetorial; no Capítulo IV – dos Programas de Atendimento Socioeducativo. Seção I: Disposições gerias, II Programa do meio aberto, Seção III: Programa de privação de liberdade. Contendo: Especificações sobre como deve ser a estruturação do atendimento, monitoramento e execução da medida e do programa socioeducativo em cada esfera de governo, e a tipificação desta; Capítulo V – da Avaliação e Acompanhamento da Gestão do Atendimento. Contendo: Definições de responsabilidades jurídicas para avaliação periódica dos planos do SINASE, ora articulando o cumprimento deste ao SGDCA; no Capítulo VI – a responsabilização dos gestores, operadores e entidades de atendimento de forma compartilhada. Contendo: determina penalidades aos gestores e operadores do SINASE caso haja descumprimento da lei; Capítulo VII – Do financiamento e das prioridades. Contendo: definição das fontes de orçamento e financiamento do SINASE.

A proposta do SINASE interliga a execução da medida socioeducativa com a articulação das diversas políticas sociais e apoio de profissionais, para maior aproximação do interesse do adolescente com as diversas políticas sociais, programas e projetos existentes no poder público. Sempre buscando uma relação intersetorial das políticas sociais com o SGDCA e o ECA. Desse modo, apreende-se que os fatores determinantes da interdisciplinaridade e da intersetorialidade no âmbito do Sistema de Atendimento Socioeducativo em "tese" se traduzem na perspectiva de ampliar uma rede entre as políticas sociais e os saberes para a efetividade e efetivação dos direitos sociais dos adolescentes com práticas de atos infracionais.

O trabalho profissional aliado à investigação é essencial para discutir a necessidade e os desafios da interdisciplinaridade e intersetorialidade e se constitui um "novo" paradigma de gestão estatal para assegurar direitos sociais e superar situações de violência infantojuvenil?

3.1 A particularidade do SINASE para o enfrentamento dos contextos de violência infantojuvenil

Ramidoff (2012) demonstra que a inserção do adolescente em programa de atendimento socioeducativo encontra-se regulamentada pela Lei 12. 594/2012, que instituiu o SINASE como o responsável pela criação, manutenção e operacionalização desse atendimento. Na perspectiva jurista, foi instituído o Sistema de Atendimento Socioeducativo para cumprimento da medida socioeducativa de internação.

Nesses termos, o SINASE se constituiu como um "conjunto ordenado de princípios, regras, critérios que envolvem a execução de medidas socioeducativas" (RAMIDOFF, 2012, p. 13) que se destinam à efetivação das determinações judiciais referentes à responsabilização diferenciada do adolescente a quem se atribua a prática do ato infracional, conforme já exposto.

A nova legislação (SINASE), ao especificar as orientações e os critérios para a execução de medidas socioeducativas, alterou o ECA, porque estabeleceu a integração entre os sistemas socioeducativos de atendimento ao adolescente, deixando mais claras as competências governamentais nos âmbitos federal, estadual e municipal, e aprovou políticas, planos, programas e projetos mais direcionados aos adolescentes autores de ato infracional, conforme supramencionado.

Dentre as medidas socioeducativas expressas no ECA, por meio dos artigos 117 a 125, a quem é atribuída a prática do ato infracional, estão elencados: advertência, obrigação de reparar o dano, prestação de serviço à comunidade, liberdade assistida, semiliberdade e internação. São os programas de privação de liberdade que se destinam a atendimento, cumprimento e execução das medidas socioeducativas de semiliberdade e internação, ora regulamentadas pelo SINASE.

Com relação à semiliberdade, trata-se de medida que evita a privação total, por possibilitar ao adolescente em conflito com a lei o desenvolvimento de atividades externas, como a escolarização, a profissionalização etc. Essa medida determina, porém, o recolhimento do adolescente ao longo do dia ou no período noturno para orientações, avaliações e proteção, independentemente de autorização judicial. E também pode ser utilizada como forma de transição da privação de liberdade.

Quanto à privação de liberdade, a medida é a internação, em relação à qual recomenda o SINASE que tenha caráter protetivo e pedagógico. Esta é mais rigorosa em relação às outras, visto prever a privação da liberdade, que só pode ser determinada judicialmente, nas situações em que o adolescente cometeu o ato infracional, mediante grave ameaça ou violência.

Por observar o princípio da proteção integral, da condição peculiar de sujeito em desenvolvimento e os direitos fundamentais do adolescente, a medida de internação possui alguns princípios capazes de delimitar a ação jurídica. São eles: (**a**) a legalidade, que determina que o Estado democrático de direito não só cumpra suas atribuições jurídicas, mas que adote providências necessárias para a efetivação objetiva da proteção integral (pedagógico-socioeducativo); (**b**) a excepcionalidade, que tem natureza restaurativa, por levar em consideração a condição humana peculiar de desenvolvimento; assim, reduz ou relativiza a intervenção estatal (judicial); (**c**) a proporcionalidade, que estabelece a ponderação entre a medida judicial a ser aplicada, evitando, assim, que o juiz determine o cumprimento cumulativo de medidas socioeducativas; (**d**) a brevidade, que orienta que a intervenção Estatal não tenha um tempo prolongado, mas que seja o tempo suficiente para a realização da inclusão social do adolescente em conflito com a lei; (**e**) a individualização (capacidade de cumprimento), que orienta que as medidas legais a serem adotadas estejam em compatibilidade com o perfil do adolescente; (**f**) a igualdade, que orienta que se evite a discriminação do adolescente a quem se atribui a prática do ato infracional; (**g**) a convivencialidade, que prevê que sejam favorecidas a preservação e a manutenção dos vínculos familiares e comunitários de convivência.

Para a operacionalização das medidas socioeducativas, o SINASE prevê que os programas de atendimento desenvolvam atividades sociopedagógicas de natureza coletiva e com práticas interdisciplinares e intersetoriais; e que se realizem por meio de acompanhamento de equipe multiprofissional e de inserção do adolescente nas diversas políticas de lazer, cultura, esporte, saúde, educação, profissionalização, assistência etc. (RAMIDOFF, 2012).

Propostas como a do SINASE surgiram após longos períodos de várias discussões em âmbito mundial, após diversos Congressos na década de 1990, realizados pela necessidade de reformular a proteção à infância, com destaque para o debate sobre a importância de se evitar a punição ou a prática de contenção de adolescente em conflito com a lei.

A partir da compreensão do processo de estruturação do SGDCA, podem-se apreender os pontos que traduzem, em sua articulação com o SINASE, a abordagem interdisciplinar e intersetorial. Tem-se que é no eixo *"II – promoção dos direitos humanos"*, disposto no capítulo III da Resolução do Conanda n.º 113, de abril de 2006, que se encontra referência à política de atendimento dos direitos humanos de crianças e adolescentes e a execução das medidas socioeducativas. Assim, determina o artigo 15 e seus parágrafos I, II e III que os serviços e programas sejam implantados e operacionalizados por meio de:

> I - serviços e programas das políticas públicas, especialmente das políticas sociais, afetos aos fins da política de atendimento dos direitos humanos de crianças e adolescentes; II - serviços e programas de execução de medidas de proteção de direitos humanos; e III - serviços e programas de execução de medidas socioeducativas e assemelhadas (BRASIL, 2006a).

Dos artigos 16 ao 19 da Resolução extrai-se o detalhamento de como se desenvolvem os serviços e programas dispostos no artigo 15. No eixo II – promoção dos direitos humanos –, disposto no capítulo III da Resolução, artigo 15-III, com maior detalhamento da especificidade no artigo 19, se encontra a base para a instituição e articulação do SDGCA com o Sistema Nacional de Atendimento Socioeducativo (SINASE).

Para tratar com maior particularidade do SINASE, o CONANDA normatizou a Resolução n.º 119/CONANDA, de 11 de dezembro de 2006, que dispõe sobre o Sistema Nacional de Atendimento Socioeducativo (SINASE) e dá outras providências, assim como qualifica esse sistema. Assim, a Resolução expõe:

O PRESIDENTE DO CONSELHO NACIONAL DOS DIREITOS DA

CRIANÇA E DO ADOLESCENTE – CONANDA, no uso das atribuições legais estabelecidas na Lei n.º 8.242, de 12 de outubro de 1991 e no Decreto n° 5.089 de 20 de maio de 2004, em cumprimento ao que estabelecem o artigo 227 caput e § 7° da Constituição Federal e os artigos 88, incisos II e III, 90, parágrafo único, 91, 139, 260, §2° e 261, parágrafo único, do Estatuto da Criança e do Adolescente – Lei Federal n° 8.069 / 90, e a deliberação do Conanda, na Assembleia Ordinária n° 140, realizada no dia 07 e 08 de junho de 2006, resolve: Artigo 1° - Aprovar o Sistema de Atendimento Sócio Educativo – Sinase. Artigo 2° - O Sinase constitui-se de uma política pública destinada à inclusão do adolescente em conflito com a lei que se correlaciona e demanda iniciativas dos diferentes campos das políticas públicas e sociais. Artigo 3° - O Sinase é um conjunto ordenado de princípios, regras e critérios, de caráter jurídico, político, pedagógico, financeiro e administrativo, que envolve desde o processo de apuração de ato infracional até a execução de medidas socioeducativas. Artigo 4° - O Sinase inclui os sistemas nacional, estaduais, distrital e municipal, bem como todas as políticas, planos e programas específicos de atenção ao adolescente em conflito com a lei (BRASIL, 2006b).

De acordo com essa Resolução, o SINASE foi criado para regulamentar a execução das medidas socioeducativas destinadas ao adolescente a que se atribua a prática do ato infracional e a privação de liberdade, bem como para consolidar a forma dos atendimentos a esse público ainda não detalhados pelo ECA. A partir dessa Resolução é que o SINASE se instituiu com a Lei n.º 12.594, de 18 de janeiro de 2012.

Na *Cartilha Sistema Nacional de Atendimento Socioeducativo* (SINASE), disponibilizada pela Secretaria Especial dos Direitos Humanos – Brasília-DF: CONANDA (BRASIL, 2006a), encontra-se também que a articulação dessa rede de atendimento ocorre em decorrência dos princípios do SINASE, que estabelece o respeito aos direitos humanos, a responsabilidade da família, do Estado e da sociedade pela promoção e defesa dos direitos da criança e do adolescente, respeito ao processo legal, respeito à condição peculiar de pessoa em desenvolvimento, incolumidade, integridade física e segurança, respeito à capacidade do adolescente para cumprir a medida, incompletude inconstitucional, garantia de atendimento especializado, municipalização do atendimento, descentralização político-administrativa com a criação de programas específicos, gestão democrática e participativa, corresponsabilidade no financiamento das medidas socioeducativas, mobilização e participação da sociedade (BRASIL, 2006a, p. 25-30).

A cartilha do CONANDA destaca também ações que podem favorecer o desenvolvimento da articulação intersetorial e interdisciplinar, que são as seguintes:

> 1) estímulo à prática da intersetorialidade; 2) campanhas conjuntas destinadas à sociedade em geral e aos profissionais da área, com vistas à concretização da Doutrina de Proteção Integral adotada pelo ECA; 3) promoção de discussões, encontros, seminários (gerais e temáticos) conjuntos; 4) respeito às competências e atribuições de cada ente federativo e de seus órgãos, evitando-se a sobreposição de ações; 5) discussão e elaboração, com os demais setores do Poder Público, para expedição de atos normativos que visem ao aprimoramento do sistema de atendimento; 6) expedição de resoluções conjuntas, disciplinando matérias relacionadas à atenção a adolescentes inseridos no SINASE, (BRASIL, 2006a, p. 23).

Nessa direção, institui-se que, na execução da Política de Atendimento Socioeducativo, o SINASE é de responsabilidade dos órgãos gestores que:

> Estão vinculados diretamente à administração pública como, por exemplo, os órgãos gestores

> do Sistema Socioeducativo, de natureza pública estatal, devem estar vinculados, necessariamente, à área responsável pela Política de Direitos Humanos. Os órgãos gestores, nos respectivos âmbitos de atuação, são responsáveis por: 1) coordenar, monitorar, supervisionar e avaliar a implantação e o desenvolvimento do Sistema Socioeducativo, cumprindo-se o deliberado pelo competente Conselho dos Direitos da Criança e do Adolescente. Para a realização de suas atividades de gestão e execução pode valer-se de órgãos agregados à própria estrutura ou de outras entidades estatais que mantenham parceria formal, indicando as funções e as responsabilidades atinentes a cada órgão público envolvido; 2) supervisionar tecnicamente as entidades de atendimento, realizando, inclusive, processos de avaliação e monitoramento; 3) articular e facilitar a promoção da intersetorialidade em nível governamental e com os demais poderes, de forma a realizar uma ação articulada e harmônica; 4) submeter ao competente Conselho dos Direitos da Criança e do Adolescente qualquer mudança que se pretenda operar no Sistema Socioeducativo ou em políticas, planos, programas e ações que os componham (BRASIL, 2006a, p. 36).

Observa-se que a metodologia de atendimento socioeducativo exposta pelo SINASE implica a participação e o compartilhamento das responsabilidades por todos os órgãos federativos.

Posto isso, cabe examinar o ponto que articula os sistemas públicos em questão com o SINASE e vice-versa. Assim, afirma o SINASE que:

> As entidades e/ou programas de atendimento socioeducativo deverão oferecer e garantir o acesso aos programas públicos e comunitários (de acordo com a modalidade de atendimento): escolarização formal; atividades desportivas, culturais e de lazer com regularidade e frequência dentro do Sistema Nacional de Atendimento Socioeducativo – SINASE e fora dos programas de atendimento; assistência

religiosa; atendimento de saúde na rede pública (atendimento odontológico; cuidados farmacêuticos; inclusão em atendimento à saúde mental aos adolescentes que dele necessitem, preferencialmente, na rede SUS extra-hospitalar; à saúde reprodutiva e sexual, ao tratamento de doenças crônicas e cuidados especiais à saúde); inserção em atividades profissionalizantes e inclusão no mercado de trabalho, inclusive para os adolescentes com deficiência, em conformidade com o Decreto n.º 3.298 de 20 de dezembro de 1999 (BRASIL, 2006a, p. 52-53).

Em relação à interdisciplinaridade, o SINASE estabelece a constituição de um quadro de diferentes profissionais e saberes. Assim, referenda que:

> É imprescindível a composição de um corpo técnico que tenha conhecimento específico na área de atuação profissional e, sobretudo, conhecimento teórico-prático em relação à especificidade do trabalho a ser desenvolvido. Sendo assim, os programas socioeducativos devem contar com uma equipe multiprofissional com perfil capaz de acolher e acompanhar os adolescentes e suas famílias em suas demandas bem como atender os funcionários; com habilidade de acessar a rede de atendimento pública e comunitária para atender casos de violação, promoção e garantia de direitos. As diferentes áreas do conhecimento são importantes e complementares no atendimento integral dos adolescentes. A psicologia, a terapia ocupacional, o serviço social, a pedagogia, a antropologia, a sociologia, a filosofia e outras áreas afins que possam agregar conhecimento no campo do atendimento das medidas socioeducativas (BRASIL, 2006, p. 67).

Para a constituição da equipe técnica de saúde, a Portaria Interministerial n.º 340, de 14/07/2004, do Ministério de Saúde, Secretaria Especial de Direitos Humanos e Secretaria Especial de Políticas para as Mulheres, determina as diretrizes para a implantação e implementação da atenção à saúde do adolescente em conflito com a lei em regime de internação e internação provisória. Ordena ter como equipe profissional mínima a presença de médico, enfermeiro, cirurgião dentista, psicólogo, assistente social, terapeuta ocupacional, auxiliar de enfermagem e auxiliar de consultório dentário a fim de garantir os cuidados de atenção à saúde do adolescente (BRASIL, 2006).

No caso do SUAS, Lei 12.435, de 6 de julho de 2011, o seu artigo 6.º institui, entre os objetivos da gestão do Sistema Único da Assistência Social (SUAS), implementar a gestão do trabalho e a educação permanente da assistência social; também estabelece a composição básica dos profissionais por nível de proteção e complexidade. Assim, tem-se o assistente social, o psicólogo e o pedagogo, que recebem a denominação de técnicos sociais.

A integração entre os diversos setores públicos, configurada por meio de um pacto interfederativo entre as três esferas de governo/gestão do Estado, visa a combater a cultura da punição infantojuvenil, garantir o princípio da proteção integral numa perspectiva ampliada de direitos sociais, como mecanismo de superação da incompletude institucional e da fragmentação, responder à descentralização político-administrativa com eficiência e garantir o financiamento econômico.

O SINASE se articula a partir do SDGCA/ECA com o SUS e SUAS para a promoção, proteção dos direitos humanos, visando possibilitar ao adolescente em conflito com a lei o acesso a um arcabouço de políticas sociais públicas, como forma de promover e defender os direitos sociais. Mas também delega uma parte de reponsabilidade por essa proteção à família e à sociedade.

O SINASE ainda não está consolidado como política social. Assim, tende a ser mais uma estratégia particular do Estado de articulação intersetorial e interdisciplinar de política social e saberes profissionais. Investe sua configuração como "lócus" de concentração de direitos sociais para tornar-se eficiente para responder à complexidade das expressões da questão social explicitadas nesta pesquisa por meio das situações de violência em que se envolve o segmento infantojuvenil na privação de liberdade, numa perspectiva aparente de totalidade e complementariedade.

Para tanto, estabelece um aparato de leis que demarcam sua especificidade e particularidade no contexto em que se articulam os sistemas públicos de saúde (SUS) e assistência social (SUAS) com base no SINASE/SGDCA, para o enfrentamento à violência.

Nessa direção, o real se mostra contraditório, envolvendo sistemas de políticas sociais com natureza, gestão, forma de organização e operacionalização distintas, gerando conflitos e interesses divergentes em todas as esferas federativas e na relação entre Estado, direito e política social. Entretanto, no contexto exposto, a saúde e a assistência social assumem atribuições importantes de garantia dos direitos humanos da criança e do adolescente, traduzindo-se em unidade e diálogo interdisciplinar e intersetorial na sua particularidade. Mas não abarcam a totalidade e as dimensões macroestruturais da sociedade capitalista.

A interdisciplinaridade e a intersetorialidade na articulação de direitos possibilitam recompor a setorialização da política social e a incompletude institucional, sem ultrapassar os fundamentos da divisão social e técnica do trabalho predominante na reprodução do capital. O Estado capitalista neoliberal continua disponibilizando políticas sociais focalistas e setoriais, que não garantem a universalidade mesmo dentro de uma estratégia política que, organizada legalmente, induz a uma articulação intersetorial e interdisciplinar mais abrangente de direitos e saberes profissionais.

Ao investir-se na compreensão da relação interdisciplinar e intersetorial para examinar o SINASE, foi possível perceber a incompletude, a fragmentação das políticas sociais e dos saberes profissionais para o atendimento ao adolescente em conflito com a lei.

Apreende-se que essa incompletude reforça a fragmentação e a setorialização, reduzindo a proposta do SINASE, que continua a se reproduzir em moldes conservadores, posto na relação antagônica entre o cotidiano e o aparato jurídico-legal, na contínua negação histórica dos direitos dos adolescentes em conflito com a lei, na discriminação, na moralização da violência, no medo da própria sociedade. O Estado acaba por reforçar uma intervenção coercitiva, "tolerância zero" em relação aos atos infracionais praticados pelos adolescentes, como forma de ter a segurança e a "minimização" das situações de violência. Estas, por sua vez, também acabam sendo institucionalizadas nos espaços sócio-ocupacionais e nos processos de trabalho dos centros de internação do SINASE.

A operacionalização interdisciplinar e intersetorial do SINASE no Estado de Goiás se depara com a obstacularização de sua prática no cotidiano, com a precarização do acesso qualitativo do adolescente às políticas sociais. Observa-se que a política de saúde é que trava um maior debate para a organização e a consolidação dos serviços, mesmo não tendo no processo da execução da medida socioeducativa uma obrigação direta.

A assistência social, a área de maior responsabilidade pela organização desses serviços na proteção da alta complexidade, por seu lado, continua intervindo minimamente e residualmente, disponibilizando apenas uma estrutura física precária e dentro de espaço militar ou construindo estruturas que ainda seguem a lógica do sistema prisional, que envolve superlotação, reduzido números de profissionais, de programas, sem uma transformação efetiva nos processos de trabalho para que aconteça a real socioeducação na perspectiva do interdisciplinar e intersetorial. Ainda, transfere à família e ao individuo a responsabilização pelas suas desigualdades sociais, situações de violência, retirando de cena o Estado de Direito.

E, por mais que aspiremos à universalidade dos direitos, é o Estado que tem de executá-los. Mas quando o poder estatal não possui vontade política, as noções de direito continuam vazias (HARVEY, 2014).

Nessa direção, a interdisciplinaridade e a intersetorialidade previstas no SINASE como uma estratégia particular de articulação dos programas do SUS e SUAS para o atendimento dos adolescentes privados de liberdade e para a articulação dos direitos, se vistas como uma tendência de novidade, não se configuram na totalidade e na complementaridade dos direitos, mas se tornam tão "caducas" quanto as manifestações da sociedade capitalista burguesa para fetichizar e ocultar o real.

Segundo Frigotto (2008), isso acontece porque esses conceitos são apresentados como uma necessidade imperativa ou como um problema, sem necessariamente fazer uma relação e reflexão mais crítica sobre o que é o "conceito e a coisa" no plano material.

A interdisciplinaridade, ao ser examinada como uma necessidade imperativa, é posta sobre o enfoque técnico, didático-metodológico ou apenas como uma estratégia no campo da gestão pública, sem ao menos trazer as suas bases conceituais e epistemológicas, que evidencia seus fundamentos no campo das ciências sociais por meio dos processos materiais e sócio-históricos da produção e reprodução as relações sociais capitalistas e positivistas que se efetivam com diferentes processos de cisão e alienação, que nos levam a cometer certos equívocos.

Assim, é inconcebível refletir sobre os processos e relações de trabalho interdisciplinares e intersetoriais em que estão implicados e exigidos pelo SINASE, desconectados dessa realidade concreta e fora do seu caráter dialético e totalidade. Uma tendência que acontece! O conceito de interdisciplinaridade em "si" torna-se esvaziado e não é suficiente para explicitar a realidade total dos adolescentes em conflito com a lei, pois a realidade é sempre dinâmica e determinada pelas diferentes expressões da questão social, indo para além das questões conceituais-teóricas.

A relação interdisciplinar e intersetorial precisa ser reconstruída sempre a partir de uma determinada realidade concreta investigada e delimitada, com apreensão de suas múltiplas determinações, mediações, historicidade que a constitui, pautando-a sempre numa relação dialética. A totalidade social está implicada diretamente na realidade concreta dos sujeitos que produzem e reproduzem seus modos de vida, e não necessariamente na interdisciplinaridade e intersetorialidade de qualquer processo de trabalho. Então, para que o trabalho interdisciplinar se materialize, é necessário também fazer-se um esforço no campo da ação ativa dos sujeitos para extrapolar essa forte herança do positivismo, da fragmentação, da disciplinaridade e do discurso-formal e técnico sobre interdisciplinaridade e a intersetorialidade. Pois o discurso neopositivista impõe limites e desafios no aprofundamento e na produção de um novo conhecimento, bem como para a execução e aplicabilidade desses conceitos no SINASE, portanto acaba tornando-se um problema tanto teórico-conceitual como político.

Em suma, de interdisciplinaridade e intersetorialidade no campo da política social não é análoga a perspectiva da totalidade. São conceitos que estão em construção e diante da complexidade de concluí-los necessitam continuar a serem problematizados, compreendidos, o que, para se efetivar, considera-se necessário ser colocado em prática pelos sujeitos que estão implicados numa determinada realidade social, coletiva, ora distanciados de relações de trabalho hierarquizadas.

CONSIDERAÇÕES FINAIS

> [...] em los albores de um nuevo siglo, américa Latina todavia se encuentra em la encrujijada de como construir las bases de una ciudadanía ampliada em contextos de estruturas sociales marcadas por la desigualdad y exclusión.
>
> (SERNA, 2007, p. 30)

Chegado a hora de colocar um ponto final, apesar de saber que na construção do conhecimento há sempre reticências e nunca um ponto final, ainda mais quando o assunto é a área da infância e da adolescência. Assim, este livro veio no sentido de abordar questões que possam auxiliar outros trabalhos no campo da política social e das ciências sociais ao apresentar aspectos que contribuam com uma reflexão e apontem os limites e a necessidade da práxis interdisciplinar e intersetorial, tomando como base o SINASE, enquanto objeto da investigação.

Ao tratar dos conceitos de interdisciplinaridade e intersetorialidade, sustentados estrategicamente pelo SINASE para a articulação ampliada de sistemas públicos de direitos, dentre esses os SUS e o SUAS, foi necessário abarcar reflexões teóricos do campo das ciências sociais e alguns estudos epistemológicos. Assim, observou que esse conceito tem-se colocado de forma positiva como novidade, por aparentemente trazer uma perspectiva de totalidade e complementaridade. Todavia, numa reflexão mais crítica sobre em quais concepções tais conceitos se fundamentam e se configuram para a integração da política social e dos saberes profissionais, compreendeu-se a sua contradição, dado que, ao serem instrumentalizados como uma didática-metodológica e estratégia de gestão de política social no interior do SINASE e do próprio sistema capitalista, eles ocultam e não recompõem a concreticidade contraditória do real concreto, que é histórica e mediada por múltiplas realidades e determinações.

Com o investimento na compreensão desses conceitos para examinar o SINASE tornou-se possível perceber a incompletude, a fragmentação das políticas sociais e dos saberes profissionais para o atendimento ao adolescente em conflito com a lei. Isso decorre da cisão e das relações disciplinares postas e que nem sempre são problematizadas na organização deste trabalho.

Trago a memória sobre como era sistematizado o trabalho dentro da unidade socioeducativa, que necessita ser ainda mais dialógico, menos hierarquizado, repressivo, e imbuído de uma práxis ontológica e teleológica para que a relação interdisciplinar e intersetorial passe a ser uma realidade alcançável. Observava-se que após o adolescente ter a medida socioeducativa com privação de liberdade decretada pelo juizado da infância e juventude devido à prática de ato infracional, é encaminhado para os centros de internação, geralmente chegando escoltados pela equipe de segurança, sendo a primeira entrevista (denominada acolhimento pela instituição) realizada (individualmente) pela equipe multiprofissional composta geralmente quando completa pelo assistente social, psicólogo, pedagogo, enfermeiro, musicoterapeuta, sociólogo e outros, que conforme as suas atribuições ético-profissionais desenvolvem suas funções e também assumem outras funções, que nem sempre estão regulamentadas.

Diante do tempo de permanência dos adolescentes na unidade socioeducativa, é definida uma equipe de referência, que fica responsável por acompanhar e direcionar o adolescente na internação para o estabelecimento de um projeto de vida, denominado de Plano Individual de Atendimento (PIA), que tem por finalidade levar à ressocialização. Contudo, no cumprimento das metas propostas no PIA, verificava-se as seguintes realidades: a ausência de palpabilidade política na realização de um trabalho socioeducativo efetivo, que resulte em condições para que a socioeducação aconteça de fato. Isso se deve ao acesso não qualitativo a política social estatal ou a falta de vontade política em tornar desse sistema um espaço mais efetivo na garantia dos direitos desses adolescentes, bem como dos seus trabalhadores e das prerrogativas de condições mínimas para a realização do trabalho no SINASE.

E, nota-se também, por outro lado, que os atendimentos ofertados dentro do SINASE estão muito mais voltados para um processo individualizado, com pouco diálogo e trocas entre as equipes profissionais, do que para uma abordagem realmente interdisciplinar e intersetorial, alicerçada na proposta do SINASE, na viabilização do ECA e de projeto para uma pedagogia libertadora. Geralmente o que prevalece é um processo de trabalho que assume um caráter multidisciplinar, focado no cumprimento de rotinas institucionais disciplinares, que reforçavam mais a exclusão social e a privação da liberdade, sendo incapaz de (re)construir projetos de vida para o desenvolvimento de uma cidadania plena desses adolescentes. Assim sendo, não traz avanços significados, especialmente após o retorno desses adolescentes ao convívio na sociedade e na suas famílias, pois há uma tendência de esses adolescentes continuarem vivenciando processos excludentes e de exclusão social por diversas razões e ocasiões, com isso reincidem na prática dos atos infracionais e consequentemente retornam ao sistema de internação.

No cotidiano, a execução interdisciplinar e intersetorial mediada pelo SINASE/SGDCA/ECA aparece obstaculizada, resultado do precário e residual acesso do adolescente aos seus direitos sociais, condição estrutural da relação da política social com a política econômica capitalista.

Nesses moldes, afirma-se, com base em Loic Wacquant (2000), que, contraditoriamente, a relação interdisciplinar e intersetorial entre o Estado Capitalista, a política social e o direito, articulada por meio do SINASE/SGDCA/ECA, não supera a incompletude institucional e flexibilização do acesso aos direitos. Antes, aponta o limite de qualquer aparato jurídico burguês com a realidade social, distanciado objetivamente de como construir e efetivar um conjunto ampliado de direitos em um sistema produtor e reprodutor de desigualdades sociais.

Que somadas a individualização, moralização e criminalização da pobreza também transferem aos adolescentes as reponsabilidades advindas das situações de violências, sejam em âmbito externo ou a própria violência interna institucionalizada no SINASE.

Esses contextos de violências ou violações de direitos podem ser exemplificados por um lado, pelas sucessivas situações de assédio moral contra os trabalhadores desse sistema, que também acabam de forma cíclica impactando e chegando no adolescente, e por outro lado, pelas constantes rebeliões, tentativas de fugas, autoextermínio, e outras questões peculiares que denotam uma situação de crise no interior das unidades socioeducativas/SINASE. Sendo que a maior delas ocorreu em maio de 2018 após um incêndio que culminou com óbito de dez adolescente do centro de internação provisória em Goiás. Fato esse que reafirmou e trouxe à tona o não cumprimento do SINASE, o distanciamento entre a legislação e a sua prática no cotidiano do SINASE, mesmo aliado à existência de um Termo de Ajuste de Conduta (TAC), que cobrava veementemente melhorias das condições estruturais e do trabalho, para viabilizar o cumprimento da proteção integral desses adolescentes em medidas de internação. Tais situações apontam e denotam as poucas condições que existem no atual sistema socioeducativo para que haja a garantia do pleno desenvolvimento e proteção integral dos adolescente em condição de privação de sua liberdade.

Diante desse contexto, da incompletude, da fragmentação e da setorialização, observa-se que esse sistema se encontra muito mais voltado para o atendimento das emergências do risco criminal ou do abandono/higienização social, concorrendo para que o SINASE/SGDCA/ECA continue a se reproduzir em moldes conservadores se comparado às primeiras iniciativas de política para a infância no Brasil como código do menor. Com isso, aprofundam-se a contínua negação e desmontes históricos dos direitos sociais dos adolescentes em conflito com a lei, com a discriminação, a moralização e individualização da violência, reforçando ainda mais uma intervenção coercitiva, punitiva na forma de gerir, operacionalizar e executar esse sistema.

A apreensão dos elementos teóricos, legais e objetivos determina a necessidade da realização de um trabalho interdisciplinar e intersetorial no âmbito do SINASE para demarcar sua especificidade e particularidade no contexto em que se articulam os sistemas públicos de saúde (SUS) e Assistência Social (SUAS) com base no ECA/SGDCA para o enfrentamento das diversas formas de violências.

Compreende-se que o SINASE tem como particularidade o atendimento às medidas socioeducativas para o adolescente em conflito com a lei, em caráter público. A sua especificidade encontra-se demarcada por meio da articulação intersetorial e interdisciplinar de direitos sociais da criança e do adolescente, tendo o Estado como o garantidor e mediador dessa relação de forma também bastante antagônica e com poucos resultados.

Mesmo nessa contradição, o exame do SINASE permitiu perceber também que este ressalta, por meio de seus objetivos, princípios e diretrizes, a necessidade da articulação intersetorial e interdisciplinar dos sistemas públicos de direitos, bem como a compreensão teórico-conceitual da interdisciplinaridade e da intersetorialidade.

Ao apreender as mediações das políticas sociais de assistência social e saúde para problematizar essa questão da interdisciplinaridade e intersetorialidade no SINASE, compreendeu-se ainda que os pressupostos aproximativos desses dois sistemas públicos têm sido apontados pelos conceitos similares de rede, articulação, de direitos e proteção integral.

Nesses termos, intersetorialidade da política de assistência social em relação ao SINASE tem como princípio e diretriz a defesa da proteção social integral. A política de assistência social se desdobra para a articulação de direitos e para a organização de uma rede de serviços que possibilita a conexão com o SINASE/SDGCA por meio da proteção social especial, dividida em proteção de média e alta complexidade.

A política de assistência social converge, na sua especificidade, para o estabelecimento de uma rede interdisciplinar e intersetorial de atendimento ao adolescente em conflito com a lei, público do SINASE. Mas também está reafirmado na NOB/SUAS, em que se tem "nos serviços de proteção social uma estreita interface com o sistema de garantia de direitos, exigindo, muitas vezes, uma gestão mais complexa e compartilhada" (BRASIL, 2005, p. 37). Desse modo, encontram-se as especificidades dos seus objetivos e das suas definições ao tratar da infância e da adolescência e o ponto de conexão do SUAS com o SINASE.

A política de saúde em relação ao SINASE também reafirma a intersetorialidade por meio da combinação de uma rede de serviço setoriais que deve se articular para assegurar o acesso aos direitos do adolescente. E segue a dinâmica da proteção, por meio da organização e gestão de serviços em rede de Atenção Integral.

Ao evidenciar a proteção integral, destacada sobre interdisciplinaridade e intersetorialidade no contexto da política social, pode se observar que a convergência dos sistemas SUS e SUAS em relação ao SINASE precisa ocorrer por meio de objetivos, diretrizes, princípios, gestão compartilhada, sistemas setoriais de políticas e serviços direcionados para a infância e adolescência, visto que estes são concebidos perante as atribuições desenvolvidas pelo Estado, que, na conjuntura brasileira, foram demarcadas pela Constituição Federal de 1988, fundamentada numa concepção de Estado Democrático de Direito, que ainda precisa continuar a ser fortalecido.

Em sintonia com Harvey (2014), torna-se difícil separar a sociedade de alguns processos dominantes sem pelo menos modificar a concepção de justiça social e do direito, que geralmente se baseiam em concepções ideais de direito e justiça, com isso, tendendo a ocultar substancialmente essa relação.

Portanto, os resultados dessa articulação intersetorial para o enfrentamento das expressões de violência infantojuvenil ocorrem de forma contraditória, devido à organização setorial do Estado e das políticas sociais, que reforçam estrategicamente as perspectivas focalista e setorial. Nesse cenário, o acento na interdisciplinaridade e na intersetorialidade não se concretiza como concepção orientada para a recomposição da fragmentação e da setorialização. Os conceitos em questão se configuram mais como uma tendência, um paradigma de gestão, uma intencionalidade de superação dessa segmentação, e não como sua efetiva superação na realidade dos direitos sociais materializados pela própria política e direitos sociais da criança e do adolescente.

Diante dessas considerações é que se apreendeu o debate sobre interdisciplinaridade e intersetorialidade na política social, possibilitando uma análise mais fecunda da configuração dos sistemas de saúde e de assistência social (SUAS e SUS) na articulação de direitos sociais pelo SINASE.

REFERÊNCIAS

ALMEIDA, Ney Luiz de. Descentralização e intersetorlialidade: desafio para a consolidação da política de educação. *In:* MONNERAT, Giselle Lavinas; ALMEIDA, Ney Luiz de; SOUZA DE, Rosimary Gonçalves (org.). **A intersetorialidade na agenda das políticas sociais.** Campinas, São Paulo: Papel Social, 2014. p. 230-260.

ANTUNES, Ricardo. **Adeus ao trabalho:** ensaios sobre a metamorfose e a centralidade no mundo do trabalho. 11. ed. São Paulo: Cortez, 2006.

BAIERL, Luiza Fátima. **Medo social:** da violência visível ao invisível da violência. São Paulo: Cortez, 2004.

BARBOSA, Rosangela Nair de Carvalho. O lugar da Economia Solidária na Nova Gestão da Pobreza e do Trabalho. *In:* MONNERAT, Giselle Lavinas; ALMEIDA, Ney Luiz de; SOUZA DE, Rosimary Gonçalves (org.). **A intersetorialidade na agenda das políticas sociais.** Campinas, São Paulo: Papel Social, 2014. p. 125-162.

BEHRING, Elaine Rossetti. **Política Social no capitalismo tardio.** 5. ed. São Paulo: Cortez, 2011.

BEHRING, Elaine Rossetti; BOSCHETTI, Ivanete. **Política Social**: Fundamentos e História. 9. ed. São Paulo: Cortez, 2011.

BRASIL. Ministério de Desenvolvimento social. **Caderno de Orientações Técnicas:** Centro de Referência Especializado de Assistência Social – CREAS. Brasília: MDS, 2011a.

BRASIL. Ministério de Desenvolvimento Social. **Tipificação dos Serviços Sociais Assistenciais.** Brasília: MDS, 2011b.

BRASIL, Ministério da Saúde. **Portaria n.º 1.082, de 23 maio de 2014.** Instituiu a PNAISARI. Diário Oficial da República Federativa do Brasil n.º 98. Brasília: MS, 26 de maio de 2014.

BRASIL. **Estatuto da Criança e do Adolescente-ECA**. Legislação Federal n.º 8.069, de 13 de junho de 1990. Brasília, DF: Conselho Nacional dos Direitos da Criança e do Adolescente, 2010.

BRASIL. Presidência da República. **Emenda Constitucional n.º 65**, de 13 de julho de 2010.

BRASIL. Secretaria Especial dos Direitos Humanos, Conselho Nacional dos Direitos da Criança e do Adolescente. Sistema Nacional de Atendimento Socioeducativo (SINASE). **Resolução 119**. Brasília: CONANDA, 2006b. p. 100.

BRASIL. **Diário Oficial da União** Brasília: Senado Federal, 2010.

BRASIL. Presidência da República. Secretaria Especial dos Direitos Humanos, Conselho Nacional dos Direitos da Criança e do Adolescente. Sistema Nacional de Atendimento Socioeducativo (SINASE). **Resolução 113**. Brasília: CONANDA, 2006a.

BRASIL. Conselho Nacional dos Direitos da Criança e do Adolescente. **Resolução n.º 113**. Brasília: Secretaria de Direitos Humanos da Presidência da República, 2006.

BRASIL. Ministério do Desenvolvimento Social e Combate à Fome. **Norma Operacional Básica NOB/SUAS**. Brasília: Secretaria Nacional de Assistência Social, 2005.

BRASIL. Presidência da República. Lei n.º 8.742, de 7 de dezembro de 1993. **Lei Orgânica da Assistência Social (LOAS)**. Brasília: Senado Federal, 1993.

BURLANDAY, Luciene. Um olhar sobre a intersetorialidade a partir da Experiência de Constituição do campo Alimentar e Nutricional no Brasil. *In:* MONNERAT, Giselle Lavinas; ALMEIDA, Ney Luiz de; SOUZA DE, Rosimary Gonçalves (org.). **A intersetorialidade na agenda das políticas sociais**. Campinas, São Paulo: Papel Social, 2014. p. 1-286.

CHAUÍ, Marilena. Introdução. *In:* BAIERL, Luiza Fátima. **Medo social**: da violência visível ao invisível da violência. São Paulo: Cortez, 2004. p. 19-36.

CLOSS, Thaísa Teixeira. **O Serviço Social nas residências multiprofissionais em saúde:** formação para a integralidade. Curitiba: Appris, 2013. 302 p.

CONANDA. Disponível em: https//www.portaldosdireitosdacriança.gov.br/CONANDA. Acesso em: 1 out. 2015.

COSTA, Carlos Gomes da Costa. **Os Regimes de Atendimento no Estatuto da Criança e do Adolescente:** Perspectivas e Desafios. Belo Horizonte: Secretaria Especial de Direitos Humanos da Presidência da República, 2004 (mimeo).

COUTINHO, Carlos Nelson. [1943]. **O estruturalismo e a miséria da razão.** 2. ed. São Paulo: Expressão Popular, 2010.

FONSECA, Ana; VIANA, Ana Luiza d'Ávila. Política Social Intersetorialidade e desenvolvimento. *In:* MONNERAT, Giselle Lavinas; ALMEIDA, Ney Luiz de; SOUZA DE, Rosimary Gonçalves (org.). **A intersetorialidade na agenda das políticas sociais.** Campinas: Papel Social, 2014. p. 57-75.

GUERRA, Yolanda. **A instrumentalidade do Serviço Social.** 3. ed. São Paulo: Cortez, 2002.

HARVEY, David. **O neoliberalismo:** histórias e implicações. Tradução de Adail Sobral e Maria Stela Gonçalves. 5. ed. São Paulo: Edições Loyola, 2014.

HARVEY, David. **Condição pós-Moderna:** uma pesquisa sobre as origens da mudança cultural. 10. ed. Loyola: São Paulo, 2001.

IAMAMOTO, Marilda Vilela. **Serviço Social em tempos de capital e fetiche:** capital financeiro, trabalho e questão social. São Paulo: Cortez, 2014.

IANNI, Otávio. **Construção de categorias.** Aula transcrita, 1986.

JAPIASSU, Hilton. **A interdisciplinariedade e a Patologia do saber.** Rio de Janeiro: Copirraite, 1976.

KOSIK, Karel. **Dialética do Concreto.** Tradução de Célia Neves e Alderico Toríbio. 2. ed. Rio de Janeiro: Paz e Terra, 1976. 230 p.

LOIC, Wacquant. **As prisões da Miséria**. Raison d'agir. Tradução de Miguel Serras Pereira. Portugal: Editora Celta, 2000.

MASCARO, Alysson Leandro. **Estado e a Forma política**. São Paulo, SP: Editora Boitempo, 2013.

MARX, Karl. Manuscritos Econômicos e Filosóficos (1980 a 1983). *In:* GIANNOTI, José Arthur. **Manuscritos econômicos e filosóficos e outros textos escolhidos**. Tradução de José Carlos Bruni *et al.* 5. ed. São Paulo: Nova Cultural, 1991. p. 12-273. (Coleção Os pensadores).

MARX, Karl. **O capital:** crítica à economia política. Livro I e II. 22. ed. São Paulo: Civilização Brasileira, 2004.

MONNERAT, Gisele Lavinas; SOUZA, Rosimary Gonçalves de. Intersertoralidade e Políticas Sociais: um diálogo com a literatura atual. *In:* MONNERAT, Gisele Lavinas; SOUZA, Rosimary Gonçalves de; ALMEIDA, Ney Luiz de; SOUZA, Rosimary Gonçalves de (org.). **A intersetorialidade na agenda das políticas sociais**. Campinas, São Paulo: Papel Social, 2014.

NASCIMENTO, Sueli do. Reflexões sobre a intersetorialidade entre políticas públicas. **Revista Serviço Social e Sociedade,** n. 101, p. 95-120, jan./mar. 2010.

NETTO, José Paulo, Democracia e Direitos Humanos na América Latina: aportes necessários ao debate. *In:* FREIRE, Sirlene de (org.). **Direitos Humanos e a questão social na América Latina.** Conferências e Trabalhos no II Seminário promovido pelo Programa de Estudos da América Latina e Caribe (PROEALC), vinculado ao Centro de Ciências Sociais da Universidade do Estado de Rio de Janeiro (UERJ). Rio de Janeiro: Gramma, 2009a.

NETTO, José Paulo. Introdução ao método da teoria social. *In:* **Serviço Social:** direitos sociais e competências profissionais. Brasília: CFESS/ABEPS, 2009b. 760p.

PEREIRA, Potyara A. P. A intersetorialidade das Políticas Sociais na perspectiva Dialética. *In:* MONNERAT, Giselle Lavinas; ALMEIDA, Ney

Luiz de; SOUZA DE, Rosimary Gonçalves (org.). **A intersetorialidade na agenda das políticas sociais**. Campinas: Papel Social, 2014.

PEREIRA, Potyara A. P. **Política Social**: temas & Questões. 3. ed. São Paulo: Cortez 2011.

PEREIRA, Potyara A. P. Como conjugar especificidade e intersetorialidade na concepção e implementação da política de Assistência Social. **Revista Serviço Social e Sociedade** n. 77, ano XXV, p. 54-62, mar. 2004.

PHILIPPI JR., Arlindo *et al.* **Relatório Final do III Encontro Acadêmico Internacional Interdisciplinaridade nas Universidades Brasileiras**. Brasília, DF: CAPES, 2014.

PORTAL dos direitos da criança. Disponível em: http//www.portaldosdireitosdacriança.gov.br/CONANDA. Acesso em: 1 out. 2015.

RAMIDOFF, Mario Luiz. **SINASE- Sistema Nacional e Atendimento Socioeducativo**: Comentários a Lei 12. 594, de 18 de janeiro de 2012. São Paulo: Saraiva, 2012.

REIS, Magali. Notas sobre a sociologia da infância. *In:* OLIVEIRA, Dijaci David de; FREITAS, Revalino Antonio de; TOSTA, Tania Ludmila Dias (org.). **Infância e Juventude**: direitos e Perspectivas. Goiânia: UFG/Funape, 2016.

RIZZINI, Irene. **As raízes históricas das políticas públicas para infância no Brasil**. 2. ed. São Paulo: Cortez, 2008.

RIZZINI, Irene. **A Criança e a lei no Brasil revisando a história (1822-2000)**. Brasília: UNICEFE; Rio de Janeiro: USU Ed. Universitária, 2000. 142p.

RIZZINI, Irene; PILOTE, Francisco (org.). **A arte de governar crianças**: a história das políticas sociais, da legislação e da assistência à infância no Brasil. 3. ed. São Paulo: Cortez, 2011.

SÁ, Janete L. Martins de (org.). **Serviço Social e interdisciplinaridade**: dos fundamentos filosóficos à prática interdisciplinar no ensino na pesquisa e extensão. São Paulo: Cortez, 2010.

SÁ, Janete L. Martins de (org.). **Serviço Social e interdisciplinaridade.** São Paulo: Cortez, 2019.

SEVERINO, Antônio Joaquim. Subsídios para uma reflexão sobre os novos caminhos da interdisciplinaridade. *In:* SÁ, Janete, L. Martins de (org.). **Serviço Social e interdisciplinaridade:** dos fundamentos filosóficos à prática interdisciplinar no ensino na pesquisa e extensão. São Paulo: Cortez, 2010.

SEVERINO, Antônio Joaquim. A exigência da interdisciplinaridade na construção do conhecimento e na prática social. *In:* SÁ, Janete, L. Martins de (org.). **Serviço Social e interdisciplinaridade.** São Paulo: Cortez, 2019.

SEVERINO, Antônio Joaquim. **Metodologia do trabalho científico.** São Paulo: Cortez, 2007.

SERNA, Miguel. Outra generación perdida? Democracias deficitárias, desigualdades persistentes y exclusión social em América Latina. *In:* FREIRE, Sirlene de Moraes (org.). **Direitos Humanos:** violência e pobreza na América Latina contemporânea. Rio de Janeiro: Letra e Imagem, 2007.

SILVA Maria Ozanira da Silva e. Bolsa-família: Intersetorialidade – Dimensão Central na Implantação e nos resultados do programa. *In:* MONNERAT, Giselle Lavinas; ALMEIDA, Ney Luiz de; SOUZA, Rosimary Gonçalves (org.). **A intersetorialidade na agenda das políticas sociais.** Campinas, São Paulo: Papel Social, 2014.

SILVA, Vânia Fernandes. "**Perdeu, Passa Tudo!**" – a voz do adolescente autor do ato Infracional. Juiz de Fora: Editora UFJF, 2005. 144 p.

VASCONCELOS, Eduardo Mourão *et al.* (org.). **Saúde Mental e Serviço Social:** o desafio da subjetividade e da interdisciplinaridade. 5. ed. São Paulo: Cortez, 2010.

VIANA, Maria José de Faria. **Assistência Social no Pluralismo de Bem-Estar:** Prevalência da Proteção Social Plural ou Mista, porém não pública. Goiânia: Ed. da PUC Goiás, 2012. 325 p.

YAZBEK, Maria Carmelita. Sistema de Proteção Social, Intersetorialidade e Integração de Políticas Sociais. *In:* MONNERAT, Giselle Lavinas; ALMEIDA, Ney Luiz de; SOUZA DE, Rosimary Gonçalves (org.). **A intersetorialidade na agenda das políticas sociais**. Campinas, São Paulo: Papel Social, 2014.